Zürich

www.merian.de
zeigt mehr von Zürich und der Umgebung rund um den See. Versäumen Sie nicht das MERIAN-Gewinnspiel!

Meine Lieblingsplätze

◆

Die Masoala-Regenwaldhalle
Der Zürcher Zoo ist einer der schönsten weltweit. Die Halle, in der ein Stück Urwald aus Madagaskar mitten in Zürich aufgezogen wird, ist ein phantastisches Experiment.
S. 84

◆

Der Zürichberg mit dem Rigiblick
Mit der schmalspurigen Standseilbahn hinauf zur Bergstation Rigiblick. Dort, beim Grabe Georg Büchners, hat man den schönsten Blick auf die Stadt.
S. 94

◆

Die „barfussbar"
Tagsüber Frauenbadeanstalt, abends Szenetreff auch für Männer. Dabeisein!
S. 50

Liebe Leserin, lieber Leser,

auf die Schweiz sind wir Deutschen zumindest klammheimlich schon immer ein bisschen neidisch gewesen: die aufregendsten Alpengipfel, herrliche Seen, das Mittelmeer nicht weit. Dazu eine solide Wirtschaft mit vergleichsweise niedrigen Arbeitslosenzahlen. Nur was das urbane Lebensgefühl angeht, da – so glaubten wir bislang – hat Deutschland die Nase vorn.

Denkste!

Als unsere Autoren und Fotografen aus Zürich zurückkehrten, berichteten sie aufgeregt von einer kulturellen Vielfalt und Qualität, die sich hinter Berlin oder Hamburg nicht verstecken muss. Im Gegenteil: die Oper spiele alle deutschen Häuser an die Wand, die Museumslandschaft blühe deutlich farbenfroher als bei uns, und selbst das Nachtleben im reanimierten ehemaligen Industriequartier habe so gar nichts vom nüchternen „Zwangzwinglihaftem", was man Zürich früher oft attestierte.

Vieles ist in Bewegung in dieser Stadt, aber die Gestalter sind klug genug, auch Altbewährtes zu erhalten. So ist etwa das Gassengewirr der Altstadtviertel immer noch herrlich mittelalterlich, die Fluss- und Badeanstalten mit ihren dunklen Holzstegen und altmodischen Umkleidekabinen haben sich ihren Charme bewahrt, und vor allem wuchert die Stadt der Banken mit ihrer Lage: Der Zürichsee und die Limmat sind ihr Herz und ihre Lebensader, das Umland mit entzückenden Orten wie Rapperswil ist zudem immer einen Ausflug wert.

Dass nun auch einige Spiele der Fußball-Europameisterschaft in Zürich ausgetragen werden, sei den Schweizern gegönnt – solange wir wenigstens auf dem Platz noch die Nase vorn haben.

Herzlich, Ihr

Andreas Hallaschka
MERIAN-Chefredakteur

Für MERIAN unterwegs

Thomas Gebhardt wollte von Intendant Alexander Pereira (rechts) wissen, wie der Oper der künstlerische und ökonomische Erfolg gelingt **Seite 70**

Sibylle Berg, gebürtig in Weimar, lebt seit Jahren in Zürich. Welche Gefühle die Stadt im Sommer freisetzt, schreibt sie ab **Seite 44**

Philip Koschel, Fotograf aus Berlin, stürzte sich für MERIAN in das quirlige Zürcher Nachtleben **Seite 30**

INHALT

Zürich

SEITE 12
STADTANSICHTEN
Bürgerhäuser und Kirchtürme ganz nah am Wasser – Zürich hat das Flair einer Hafenstadt

SEITE 30
PARTY!
Die Szene feiert heute dort, wo früher die Halbwelt Hof hielt – die heißesten Clubs liegen im Rotlichtmilieu

MERIAN | Reise-Service ab Seite 109

SEITE 62

ECHTE TYPEN

Medienmacher Roger Schawinski und Rapperin Big Zis – Charaktere, die Zürich Gesicht geben

SEITE 70

ZUGABE!

Kaum eine Oper bringt mehr Premieren und eine größere Qualität auf die Bühne. Eine Reportage über die erfolgreiche Musiktheater-Maschine

SEITE 84

URWALD

Naturgetreu wird ein Stück Dschungel aus Madagaskar in der Masoala-Regenwald-Halle aufgezogen

SEITE 44

SOMMER-STIMMUNG

Die vielen historischen Fluss- und Seebäder lassen den Sommer in der Stadt zum Urlaub werden

Die Sporaden
OLYMPIC
MINISTERIUM FÜR TOURISMUS - GRIECHISCHE ZENTRALE FÜR FREMDENVERKEHR

Griechenland
EinechtesErlebnis
16.000 km Küste, 16.000 Fluchten aus dem Alltag
Seewege Sie sind im Mittelmeer, einem Segelrevier par excellence. Erfüllen Sie sich Ihre Träume in der unendlichen Weite der tiefblauen Ägäis oder in den türkisfarbenen Fluten des Ionischen Meeres. Entdecken Sie wunderschöne Naturhäfen: An dunklen Vulkansandstränden, feinsandigen oder felsigen Buchten und an mit Kiefern bewachsenen Meeresufern. Ankern Sie bei Mondschein in schönster, freier Natur oder vergnügen Sie sich im quirligen, glanzvollen Nachtleben der Insel ... Griechenland! Ein echtes Erlebnis!
www.visitgreece.gr
Greece

Scheinbar schwerelos schwebt der 25 Kubikmeter große Nova-Quader (links oben) weit über dem geschäftigen Treiben – trotz seiner sechs Tonnen

1958

1983

1997

Das erste MERIAN-Heft „Zürich", vor einem halben Jahrhundert erschienen, hatte noch ein schwarzweißes Titelbild. Mit dem klassischen Motiv, dem Grossmünster

ZÜRICH LEUCHTET

Wannerhalle mit Nova-Licht in drei Dimensionen

In Zürich beginnt die Zukunft am ***Bahnhof***: In der Wannerhalle hängt bis zum Herbst 2009 ein riesiges dreidimensionales Farbdisplay. Die Entwickler der ETH Zürich tauften es Nova, ***„Neuer Stern"***. Der Hallen-Himmelskörper macht mit seinen 300 000 LEDs und 25 000 einzeln ansteuerbaren Lichtkugeln wissenschaftliche Lösungsformeln sichtbar. Oder er veröffentlicht stark vergrößert und dreidimensional die Malversuche, die Passanten auf einem futuristischen, durchsichtigen Touchscreen mit einem einfachen Computerprogramm entworfen haben.

Die Stadt soll leuchten – aber nicht zu stark

Ein „schillerndes Gesicht" sollen die fast 30 geplanten und teilweise realisierten Projekte des ***„Plan Lumière"*** Zürich zu später Stunde verleihen. Nicht mit mehr Licht, sondern mit „anderem Licht". Tatsächlich: Verlässlich, aber dennoch filigran und leicht wirkt die ***Rudolf-Brun-Brücke***, seit sie mit dezent platzierten Leuchten über Reflektoren präzise angestrahlt wird (Foto unten). Urbaner Neon-Chic würde da nur stören. Der zurückhaltende Umgang mit Licht hat Tradition: Schon 1928 sorgte eine Amtsstelle für die Eindämmung der kommerziellen Lichtflut – nur zwei Jahre nachdem die erste Schweizer Firma mit ihrer Produktion von Neonreklame begonnen hatte.

Durch Illuminationen soll Zürich schöner und sicherer werden: hier die neue Beleuchtung der Rudolf-Brun-Brücke

Sternen-Bratwurst auch für Stars

Ausländische Gäste sollten sich nicht nur von Rösti und Käsefondue beeindrucken lassen, sondern wissen: Die Schweizer sind ebenso begeisterte Wurstesser. Die beste Grillbratwurst in Zürich, da ist man sich in der Stadt einig, gibt es am ***„Vorderen Sternen" beim Bellevueplatz***. Der exzellente Ruf des Sternen-Grills ist nicht nur bis zu den helvetischen Fast-Berühmten vorgedrungen, die nach der landesüblichen Brühwurst „Servela-Prominenz" genannt werden. Auch ***Federico Fellini, Friedrich Dürrenmatt und Tina Turner*** standen schon am Sternen-Tresen. Auf eines sollte der ahnungslose Konsument gefasst sein: Der Senf, der zur Wurst gereicht wird, ist höllisch scharf.

Zürich by Mike

Manchmal entlarvend, manchmal skurril, aber immer liebe- und humorvoll sind die Alltagsszenen, die Mike van Audenhove seit 1996 jede Woche für den ***züritipp***, die Freitagsbeilage des *Tages-Anzeigers,* zeichnet. Er ist ein begnadeter Beobachter mit dem Talent, seine Figuren gerade so zu gestalten, dass sie zwar fiktiv sind, aber eben doch andauernd durch Zürich zu laufen scheinen. Comiczeichner wollte der 1957 in Raleigh (North Carolina) geborene Mike schon als 13-Jähriger werden, doch sein Geld verdiente er zuerst als Bäcker, Dachdecker, Chauffeur, Straßenmaler und Tennislehrer u. a. in Schweden, Italien, den USA und in der Schweiz. 1984 zog Mike nach Zürich, traf dort auf eine lebendige, experimentierfreudige Comic- und Alternativszene und fing an, sich als Comicprofi durchzuschlagen. Heute gehört er zu den bekanntesten Schweizer Comiczeichnern, von ***„Zürich by Mike“*** gibt es mittlerweile mehr als 500 Folgen. Am liebsten ist der Comicautor in Zürich mit dem Fahrrad unterwegs, an der Stadt mag er besonders die weniger herausgeputzten Stadtkreise 4 und 3 und den See. Natürlich sei Zürich nicht so aufregend: „Zürich ist eben die Schweiz. Ich mag das. Wenn ich Underground will, gehe ich einfach anderswo hin!“ **Zürich by Mike** *Zwölf Sammelbände, Verlag Edition Moderne, je 17,50 oder 19,80 Euro, www.editionmoderne.ch/mike.htm*

Zahlenspiele

In Zürich leben Menschen aus **166 Nationen**

Nahezu jeder **4. Ausländer** ist Deutscher

1963 war der Zürichsee zum letzten Mal zugefroren

Die Stadt Zürich beschäftigt **3 Jäger und Fallensteller** sowie **42 Handwäscher** und **Handbügler**

10 858 Frankenmillionäre gab es 2006 in Zürich. Sie teilen sich die Stadtrandgebiete mit **1000 ausgewachsenen Stadtfüchsen**

CABARET VOLTAIRE

Dada in Zürich Im Restaurant „Meierei“ an der Spiegelgasse 1 begannen im Februar 1916 die Vorstellungen des ***Cabaret Voltaire***. Es war die Geburtsstunde des Dadaismus. Mit absurden Lautgedichten, Geräuschmusik und grotesk aufwendigen, kubistischen Kostümen brach man alle Konventionen. Doch schon im Sommer schloss das Cabaret Voltaire, Dadaisten wie ***Hugo Ball und Hans Arp*** gingen eigene Wege, die oft von Zürich wegführten. Irgendwann machte die „Meierei“ dicht, andere Kneipen am selben Ort blieben erfolglos. 2002 besetzte ein Künstlerkollektiv die Liegenschaft, um ***Dada*** wiederzubeleben. Mit Erfolg: Seit Herbst 2004 gibt es dort nach fast 90 Jahren wieder ein Cabaret Voltaire, mit jährlich etwa 100 Vorstellungen, unter anderem von kochenden Künstlern, Freistilphilosophen und Instrumentenerfindern.
Cabaret Voltaire *Spiegelgasse 1, Tel. 043 268 57 20, www.cabaretvoltaire.ch*

Im Cabaret Voltaire an der Spiegelgasse 1 wurde vor fast neunzig Jahren Kunstgeschichte geschrieben

betterFly
Europa hin und zurück.
ab 99 €*
Erfrischen Sie sich mal mit etwas Abwechslung.
Alles für diesen Moment.
Einfach buchen unter lufthansa.com
There's no better way to fly.
Lufthansa
A STAR ALLIANCE MEMBER
*Für Direktflüge zu über 100 Zielen in Europa bei Buchung unter lufthansa.com. Begrenztes Sitzplatzangebot.

Das Glück wohnt am Zürichsee

Was für eine Lage! Eingerahmt von sanften Bergkuppen, schmiegt sich die Stadt an die Ufer der Limmat und des blau funkelnden Sees. Lebensqualität made in Switzerland **Fotos: Arthur F. Selbach**

Vom Grossmünster reicht der Blick weit über den See und die Dächer Zürichs beiderseits der Limmat. Eine noch schönere Aussicht bietet allenfalls die Post (re.) – vor ihren Fenstern liegt das Frauenbad

Ausspannen: Arkaden, wie hier an der Börsenstrasse, laden zum Verweilen bei einer Tasse Kaffee ein

Ungezwungen in der Zwingli-Stadt

Anlegen: Am Steg vor dem „Hotel zum Storchen“ stoppen Barkassen und Ausflugsboote. Gegenüber wachen die Doppeltürme des Grossmünsters

Zeitlos: Das Heidi-Weber-Haus/Centre le Corbusier wurde einst als Ausstellungspavillon von Le Corbusier entworfen und eingerichtet. Heute ist es ein Museum

Schwungvoll: Der spanische Architekt Santiago Calatrava gestaltete die Bibliothek des Rechtswissenschaftlichen Instituts

Leuchtend grün: „Baldachine von Smaragd" nennen die Architekten Grazioli und Krischanitz ihren gläsernen Neubau von 2007, der zum Museum Rietberg gehört. Ein passender Rahmen für die im Inneren zu sehende Kunst aus aller Welt

Treffpunkte: Kunst und moderne Architektur

Baden angeraten: Die Lust am Zürcher Sommer

„Nackt gebadet, gejauchzt bis zwölf", vermerkte schon Goethe während eines Zürich-Besuchs. Die Gäste des Seebads Enge tragen Badebekleidung, schließen sich des Dichters Begeisterung aber sicher an

Platz mit Geschichte: Lindenhof ist nicht nur der Name der Grünanlage hoch über der Limmat, sondern so heißt auch das wohl älteste besiedelte Quartier Zürichs. Im 4. Jahrhundert stand hier ein römisches Kastell.

Das Grüne Herz der Altstadt

Blütenträume: Am Bürkliplatz ist jeden Dienstag und Freitag Blumenmarkt – Obst und Gemüse gibt es aber auch

Tor zur (Shopping)welt: Das Portal des Hauptbahnhofs führt auf die Bahnhofstrasse. Ihre feinen Geschäfte sind berühmt, deren Preise eher berüchtigt

Treiben lassen: Beim Schlendern durchs Gassengewirr im Niederdorf verlieren Besucher leicht die Orientierung, entdecken dafür aber manch schönes Eckchen

Einkaufsbummel: Märkte, Gassen, noble Straßen

Morgenstimmung: Nur langsam erwacht die Stadt, die meisten Boote an den Limmatstegen schlummern noch unter ihrer Persenning, während die Kirchtürme des Fraumünsters, der Peterskirche und des Grossmünsters (von li.) schon das Licht des neuen Tages begrüßen

Im Schutz von drei Kirchen

Zürich – Restschweiz 1:0

Das „Weltstädtchen" ist der übrigen Schweiz oft um einen Schritt voraus. Den Zürchern ist das nur recht. Alle anderen nervt's.

Text: Jonas Morgenthaler

Einem Zürcher fällt es nicht schwer, sich wohlzufühlen. Er muss zum Beispiel nur an den Zürichsee denken, auf den er im Sommer wieder hinausfahren wird. Mit dem Tret-, Segel- oder Motorboot, je nachdem, wie viele „Banknötli" normalerweise in seinem Portemonnaie stecken. Oder er denkt an seine Lieblingsbar und an Sergio, der dort so köstliche Cocktails mixt. Im Ausland kann er seine Heimatstadt ins Gespräch bringen, um sich dann entspannt zurückzulehnen und die Wirkung zu genießen. Vielleicht lobt ein Japaner die pittoreske Lage am See, oder ein Wiener erzählt begeistert von seinem letzten Besuch im Opernhaus Zürich. Selten wird Schlechtes zu hören sein.

Doch im kuscheligen Wohlfühl-Terrain ist eine Lücke. Hat der Zürcher seine Stadtgrenze überschritten, die Schweizer Landesgrenze aber noch nicht erreicht, geht es ihm dreckig: Selten muss sich jemand gegen so viele und hartnäckige Vorurteile verteidigen wie ein Zürcher in der übrigen Schweiz. Insbesondere in der Deutschschweiz. Die Berner sind zwar langsam, aber eben doch allen sympathisch. Die Walliser mögen eigensinnig und stur sein, doch im Radio ist ihr Dialekt äußerst beliebt. Aber die Zürcher! „Jaja", sagt man von Bern bis Chur, „die sind doch arrogant wie eh und je, sagen ‚Restschweiz' zu uns, sitzen auf ihren Geldsäcken und haben kein Herz. Und diese schreckliche Stadt!" Trotzdem reisen sie alle ab und zu hin, die Aargauer, Luzerner und Berner. Sie rufen dann aus, wie teuer alles ist, und zotteln wieder heimwärts. Insgeheim fanden sie den Ausflug eigentlich schön und aufregend – die Ausstellung im Kunsthaus, Eric Claptons einziges Schweizer Konzert, die Seepromenade. Den Freunden erzählen sie aber, wie arrogant die Zürcher wieder waren, wie protzig alles aussieht und natürlich: dass sie niemals in so einer Stadt leben könnten.

Bemerkenswert ist, wie sich Vorurteile halten können. Trotz der Pendlerströme, welche die Stadt täglich ein- und wieder ausatmet. Trotz der kulturellen Vielfalt, der Deutschen, Österreicher, Franzosen, Italiener, Serben, Spanier, Portugiesen, Türken, Tamilen und all der übrigen Ausländer, die fast ein Drittel der Stadtbevölkerung ausmachen. Zugegeben, die „Zürischnorre", der Zürcher Dialekt, ist wahrlich kein Sprachjuwel. Aber das reicht nicht als Grund. Es ist wohl auch eine Portion Eifersucht mit dabei, Neid auf das „Weltstädtchen" mit seinen schmucken Häusern, seinem bunten Nachtleben, seinen Stars oder wenigstens Sternchen. Vielleicht auch die Erinnerung an ein Gespräch aus dem letzten Urlaub, weit weg von der Heimat, als man diesen Amerikaner – oder war's ein Australier? – kennen gelernt hat: „Ah, Switzerland, yes I know!" Dann die Schokolade, die Banken, die Alpen und dann die Bombe: „Yes, your capital city, Zurich, very nice." Die Schweiz ist klein, die Hauptstadt Bern zu klein, um auf der mentalen Karte eines Amerikaners (oder Australiers? Wurscht!) vermerkt zu werden, geschweige denn Orte wie Chur, Olten oder Solothurn.

In solchen Städtchen hat der Zürcher nichts zu lachen: Entweder er kontert die überall auftauchenden Vorurteile, indem er sie bestätigt und mit der Arroganz eines „echten" Städters über das Provinzielle des Ortes und dessen Bewohner herzieht. Oder er gibt klein bei und schweigt. Aber warum sollte er, wenn er alles Zürcherische doch mag? Natürlich wissen auch die Zürcher, dass das Leben in ihrer Stadt teuer ist, die Mietpreise übertrieben hoch, der „Kafi" schnell mal so viel kostet wie eine Rösti im Wallis. Aber wer in Zürich lebt, muss halt auch in Zürich verdienen. Dann geht die Rechnung auf, und man fühlt sich hier eben richtig wohl.

Gerade in der Überschaubarkeit Zürichs – es ist nun mal eine der kleinsten Großstädte (oder größten Kleinstädte) – liegt ein großer Reiz. Jeder findet hier, was er braucht. Die Schickeria lässt mit Freuden in der angesagten Modeboutique für eine Uhr von Omega oder ein Kleidchen von Chanel ihre „Nötli" liegen, eine

Understatement ist keine Zürcher Tugend: Man zeigt sich gern, elegant oder leger, wie hier in der Storchengasse

Straße weiter treffen sich die Punks auf ein bierseliges Stelldichein, am See steigt ein weiß gekleideter Herr mit Goldketteli (das „-li" lässt sich auch im großen Zürich nicht wegdenken) in seine Yacht, während sich daneben ein Schwimmer in verblichenen, seit zehn Jahren nicht mehr käuflichen Badehosen nach dem Bad von der Sonne trocknen lässt. Zürich ist dann doch groß genug, dass es funktioniert, dieses Nebeneinander ganz unterschiedlicher Lebenswelten, die bei weitem nicht alle von dicken Brieftaschen und schweren Klunkern geprägt sind. In einem Schützenhaus auf dem Zürcher Uetliberg treffen sich alljährlich die konservativen Anhänger der Schweizerischen Volkspartei zum „Buurezmorge" (Bauernfrühstück), um ihrem Christoph Blocher beim Poltern gegen die „undemokratische Großmacht" EU, gegen den UNO-Beitritt (der nach einer knappen Abstimmung 2002 dann doch zustande kam) und gegen kriminelle Ausländer zu lauschen, während in der gleichen Stadt die „Secondos", die in der Schweiz geborenen Immigrantenkinder, 2003 in einer eigenen multikulturellen Liste für den Nationalrat kandidierten. Sie funktioniert, die Symbiose aus ländlicher Bratwurstromantik und urbanem Sushi-Stil, aus Schweizer Dorf und europäischer Metropole beziehungsweise „downtown switzerland", wie es zuversichtlich auf der Homepage von Zürich Tourismus heißt.

Auch der Besucher kann diese Gegensätze nachfühlen. Zum Beispiel, wenn er tagsüber eine Schifffahrt über den See in das grüne Umland macht, vielleicht sogar mit ein bisschen Volksmusik in den Ohren, abends dann in Zürich Westindisch oder Marokkanisch essen geht und nachts versucht, sich an einem bulligen Türsteher vorbei in einen angesagten Club zu mogeln.

Wer keine Lust auf Gegensätze hat, widmet sich einfach seinen Lieblingsbeschäftigungen: Die Museen sind zahlreich und vielfältig, zur nächsten grünen Wiese ist es ein Katzensprung, in der Oper wird fast täglich gesungen, und die Architektur reicht von der gotischen Augustinerkirche bis zum modernen „Wolkenbügel", einem horizontalen Hochhaus in der neuen Wohnsiedlung West-Side. Im Gegensatz zum Zürcher hat der Besucher damit „de Föifer und 's Weggli", wie man hier sagt, kriegt sowohl das Brötchen wie auch das Geld zurück. Denn einerseits darf er sich nach der Städtereise als Zürich-Kenner ausgeben und profitiert wie die Zürcher selbst vom guten Image der Stadt, andererseits kann er auch einfach weiterreisen und sich in einer Berner, Basler oder Luzerner Kneipe zurücklehnen, um zusammen mit den Stammgästen ein bisschen über Zürich und seine Bewohner abzulästern. □

Jonas Morgenthaler, *freier Journalist aus Bern, musste zuerst eine Weile im Ausland leben, um Zürich schätzen zu lernen.*

Du
solltest ein Einzelkind bleiben.
Du kannst doch auch mit dem dicken Paul von gegenüber spielen. Oder mit Tante Friede, wenn sie zu Besuch kommt. Oder mit dem Dackel von Gerkens? Wäre doch auch eine supertolle Möglichkeit.
Aber darauf hattest du keine Lust. Deswegen hast du jetzt eine Schwester.

Du bist Deutschland
Mit Unterstützung von LVM Versicherungen und JAHRESZEITEN VERLAG. www.du-bist-deutschland.de

Am Puls der Zeit: Über der historischen Gießereihalle wurde ein modernes Gebäude gebaut. Der 2004 eröffnete Komplex „Puls 5“ beherbergt neben mehreren Geschäften, Büros und Restaurants auch ein Fitness-Center und 102 Eigentumswohnungen

Foto: Arthur F. Selbach

IM WESTEN NUR NEUES

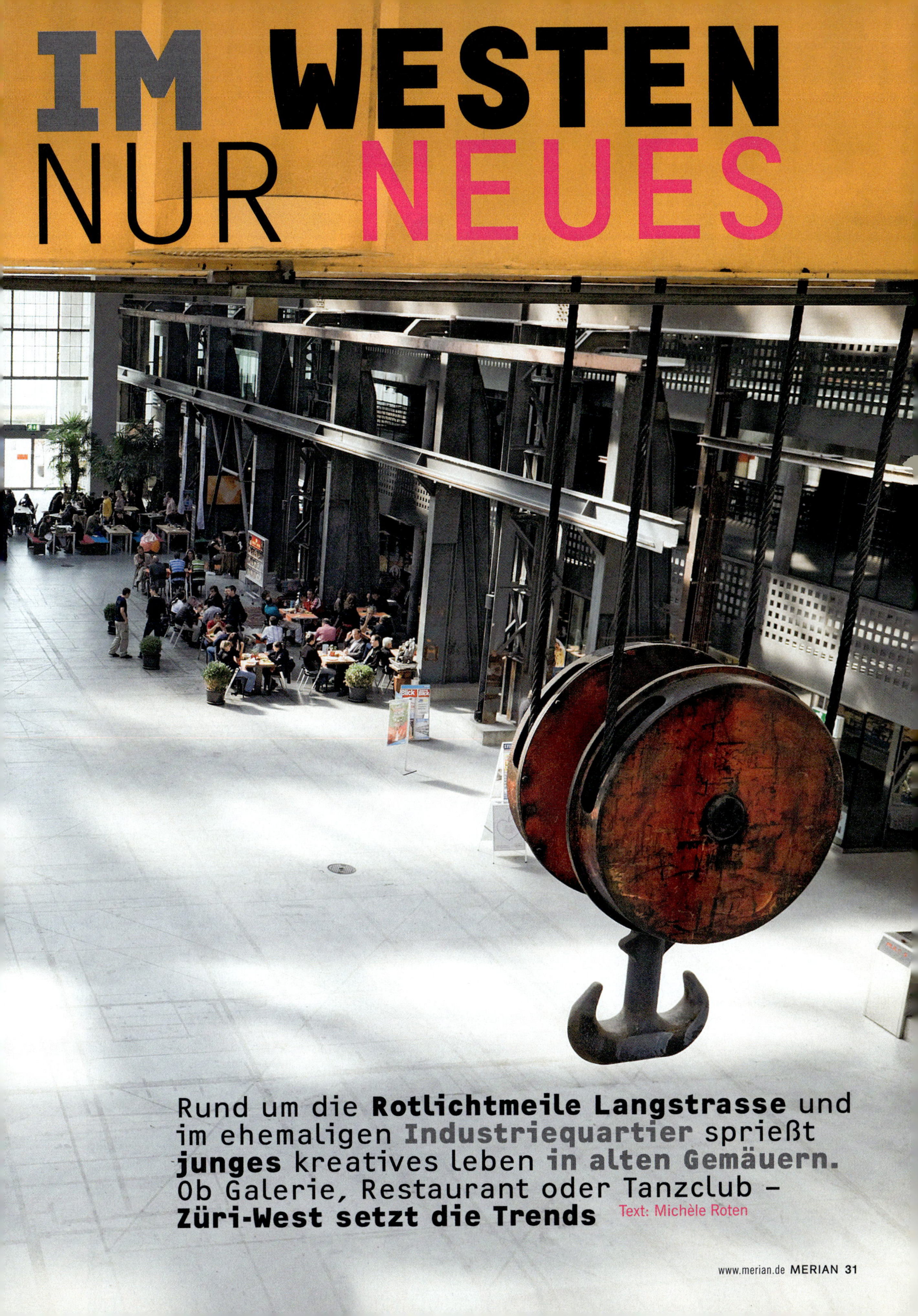

Rund um die Rotlichtmeile Langstrasse und im ehemaligen Industriequartier sprießt junges kreatives leben in alten Gemäuern. Ob Galerie, Restaurant oder Tanzclub – Züri-West setzt die Trends

Text: Michèle Roten

Rauschende Nächte: In der „Longstreet-Bar", früher ein Halbwelt-Lokal, feiert heute Zürichs Partyszene. Das Interieur wurde übernommen, die Damen nicht

Foto: Philip Koschel

1

2

3

1 Klamotten kaufen: In kleinen Boutiquen wie hier in der Stauffacherstrasse finden Interessierte junge Mode zu bezahlbaren Preisen **2** Gut aufgelegt: Die DJs im Club Hive rocken das Haus **3** Moderner Klassiker: In Schiffscontainern ist der Flagship Store der Brüder Freitag untergebracht. Hier gibt es die berühmten Taschen aus LKW-Planen **4** Trinken mit Aussicht: Die Nietturm-Bar ragt hoch über den Dächern des Industriequartiers in den Himmel

DER MIX MACHT'S: ROTER PLÜSCH UND COOLES DESIGN

4

1 Angesagt: Feierwütige müssen erst einmal Schlange stehen vor dem Hive in der Geroldstrasse 2 Kunst & Mode: In der „Perla-Mode"-Galerie finden Ausstellungen und Konzerte statt 3 Kulturzentrum: In der ehemaligen Schiffbau-Fabrikhalle sind heute eine Filiale des Schauspielhauses, ein Musikclub, ein Restaurant und Bars untergebracht

„IN" STATT „IGITT" – IMAGE-WANDEL IM QUARTIER

Zürich ist zu reich. Zürich ist adrett und lieb und nett, Zürich ist ein Streber. Zürich ist der Paradeplatz, sein Fundament ist pures Gold. Zürich ist alte Damen mit Pelzmänteln und kleinen Hunden, die im „Sprüngli" spitzlippig Luxemburgerli knabbern. Aber Zürich ist auch anders, ist Drogen und Prostitution und Gewalt und Häuserbesetzung und Subkultur und Nachtleben.

Diese andere Geschichte der Stadt lässt sich von einem Knotenpunkt aus erzählen: dem Taxistand an der Langstrasse 94, einem kleinen Platz mitten im Sündenbabel. Noch bis vor ein paar Monaten standen da Taxifahrer rum und stritten sich mit den Berauschten, die Berauschten mit den Nutten, die Nutten mit den Polizisten, die Kurdenmafia mit der Türkenmafia und alle miteinander, dann wurde ein Baum gefällt, der Platz neu asphaltiert, drei Sitzbänke aufgestellt und ein Trinkbrunnen. Tagsüber sitzen da jetzt die Alkoholiker, Schüler essen Kebab und Angestellte der umliegenden Büros sonnen sich in der Mittagspause.

Das Quartier wird zurzeit einem Imagewandel unterzogen, die „positiven Eigenschaften des Geschäftsstandorts Langstrassenquartier" sollen in den Vordergrund gerückt werden, außerdem muss natürlich an der Sicherheit und Sauberkeit gearbeitet werden, sagt der Verein Langstrassenmarketing. Disneylandisierung, sagen andere. Momentan befindet sich die Meile im Zustand einer eigenartigen Melange aus Milieupersonal und Szenevolk, Prostitution und Party, Drogensüchtigen und Spaßsüchtigen, Verbrechern und Afterwork-Wilden. Eigenartig, aber auch einzigartig.

Es ist halb zwei Uhr morgens, ein Samstag. Der Polizeiwagen gleitet langsam, fast lautlos durch die Langstrasse, irgendwie haiähnlich. Er fährt auf der Busspur, die verbotenerweise aber konsequent von Fahrradfahrern genutzt wird. Sie weichen gemächlich auf das Trottoir aus, im Wissen, dass die Polizisten in diesem Teil der Stadt Wichtigeres zu tun haben. Bei einer Gruppe zwielichtig aussehender Gestalten bleibt der Wagen stehen. Vier Beamte steigen aus und schnappen sich einen Mann, drücken ihn gegen eine Wand. Drei junge Mädchen in Leggins unter Miniröcken, eine mit einer kleinen Louis-Vuitton-Tasche, die ziemlich sicher echt ist, denn man kann an den teuren Haarschnitten und den dezenten Ballerinas ablesen, dass die Mädels Sprösslinge vom superreichen Züriberg sind, gehen großäugig und mit einigem Abstand an der Szene vorbei, erst ein paar Schritte später beginnen sie aufgeregt zu schnattern.

Direkt gegenüber vom Ort der Festnahme, am Platz beim Taxistand, atmet die Bar „Longstreet" angeschickerte Feierwütige aus und wieder ein, mit jedem Öffnen der Tür schwappen ein eklektischer Musikmix und betrunkenes Gejohle in die Nacht. Noch vor einigen Jahren war das „Longstreet" ein Cabaret, dann kamen zwei Habitués der Zürcher Partyszene und machten daraus das, was inzwischen schon eine Institution ist.

Die Übernahme war so sanft, dass sich anfangs noch ältere Stammkunden des Cabarets in ballonseidenen Blousons verwirrt durch die neue Gästeschar drückten, ein durchaus beabsichtigter Effekt, wie die Betreiber sagen, denn sie streben eine „gute Durchmischung" an. In behutsamen Gesprächen erklärten sie vor der Übernahme dem Milieu, dass sie nicht vorhätten, es zu vertreiben. Auch Nutten seien nach wie vor willkommen im neuen „Longstreet", nur anschaffen dürften sie dort nicht. Inzwischen kommen sie nicht mehr.

Der Puff-Schick des Interieurs wurde also beibehalten, roter Samt beherrscht das Lokal, im Separee des oberen Stocks steht noch immer die kleine Bühne mit der Stange, neu dazu kam ein Himmel aus Glühbirnen. In der Ekstase der Nacht schraubt Yves Spink, einer der Chefs des „Longstreet", gern welche ab und verschenkt sie an kurzfristig Angebetete. Er ist ein Clown, ein wahnsinniges Genie, eine wandelnde Legende von Drogen-Dummheiten, ein Durchgeknallter, ein unberechenbarer Feierjunkie, neuerdings ein ruhiger Bürger, wie er gern sagt, andere sagen „Zürichs Boris Jelzin", (ständig am Wanken, aber immer alles unter Kontrolle), einer, der von so vielen gekannt wird, dass er sie niemals alle kennen kann.

Sein Partner Koni Frei ist ein altgedienter Disco- und Gastrounternehmer. Und ein Pionier im Kreis: 1993 eröffnete er den Club „Kanzlei", in der Turnhalle auf dem Pausenplatz eines Schulhauses knapp am Rand des Milieus – er wurde als Spinner verschrien. Zwanzig Schritte weiter und ein paar Jahre später kam die „Central"-Bar dazu, noch mal ein paar Schritte weiter liegt heute seine Café-Bar „Sport". Und dann marschierte Frei beherzt mitten ins Auge des Orkans, zum „Longstreet". Sein neuestes Baby ist das „Restaurant Volkshaus", genau in der Mitte zwischen Anfangs- und letztem Endpunkt, zwischen „Kanzlei" und „Longstreet". Vis-à-vis vom Helvetiaplatz mit dem großen Gebäude, in dem ehemals das Sozialamt drin war, mit seinen Spritzenautomaten und den Junkies, die sich im Brunnen die Füße waschen und wo es immer ein bisschen nach Urin riecht und wo man den Geldautomat lieber mit Handschuhen bedient und schnell macht.

Eine Tür neben dem „Longstreet", ebenfalls an den Platz angrenzend, flackert die grellgelbe Plastikpalme der „Piranha-Bar", Latina-Frauen stehen desinteressiert, aber aufreizend vor dem Eingang, von drinnen kommt Bummbummsalsa. Männer gucken. Gehen rein. Zwischen den Pforten von „Longstreet" und „Piranha-Bar" liegen eine Würstchenbude und der Eingang zu einem Bürohaus: Darin arbeiten Kreative. Ein Architekturbüro, eine hippe Werbeagentur, ein berühmtes Grafikatelier, eine Marketing- und Eventfirma.

Ein Übersetzungsbüro war unter den Ersten im Haus, als im obersten Stock noch „die Frauen wohnten", wie der Chef sagt. „Die Frauen", das sind Nutten. Angst hatte sie nie, sagt eine Angestellte der ersten Stunde, „die Polizei ist ja immer präsent hier". Ab und zu gibt's Schlägereien, gar Schießereien, aber man gewöhne sich daran. Über einen toten Drogensüchtigen steigen zu müssen, um ins Büro zu kommen, wie es vor einigen Jahren mal vorkam, das sei aber schon ziemlich schockierend.

Inzwischen ist es drei Uhr morgens an diesem Samstag, auf einer der Sitzbänke hockt eine junge Frau und weint, ihre Freundinnen reiben ihr tröstend den Rücken und tätigen Anrufe. Ein etwa Dreißigjähriger mit Schirmmütze ruft im Suff euphorisch einen Namen: Claudia, Claudia, immer wieder, seine Kumpels versuchen ihn amüsiert und halbherzig zu beruhigen, bugsieren ihn weg. Vor dem „Happy Beck" tummeln sich Leute. Der „Happy Beck" ist wohl die markanteste Neuerung der letzten Zeit, hat vielleicht am meisten verändert. Die Bäckerei hat am Wochenende 24 Stunden geöffnet und ist Anlaufstelle für alle, die während des Feierns eine Stärkung brauchen oder Frühstück für den nächsten Morgen, der meist eigentlich schon angefangen hat. Drinnen gehen also die beliebten Schoggigipfel und andere Imbisse über die Theke, draußen warten Junkies mit hohlen Händen und zählen auf alkoholisierte Freigiebigkeit. Zu Recht.

Der Chef des „Happy Beck", Yakup Aydin, arbeitet bis zum Umfallen. Nachts die Clubbewohner, morgens die Quartierbewohner. Er ist in der Schweiz aufgewachsen, ging dann zurück in die Türkei, wo seine Familie eine Bäckerei namens „Zurih" eröffnete, mittlerweile gibt es davon drei Filialen. Aydin kam der Liebe wegen zurück nach Zürich und eröff-

Kleine geile Meile: Die Langstrasse ist die Lebensader des „anderen" Zürich

Fein speisen: Restaurants wie das „LaSalle“ haben mit zur Aufwertung des Stadtteils Zürich-West beigetragen

DIE SUBKULTUR BELEBT DIE ZWINGLISTADT

nete vor eineinhalb Jahren den „Happy Beck“. Beraten wird der Familienbetrieb vom vielleicht berühmtesten Konditor der Schweiz nach DJ Bobo: Alfredo Lardelli, neuerdings Alfredo Borgatte dos Santos, eine schillernde Figur des Milieus. Der wegen dreifachen Mordes Verurteilte hat eine langjährige Haftstrafe abgesessen. Im Gefängnis machte er eine Ausbildung zum Konditor und fungiert so jetzt als Produktmanager der Bäckerei. Im Betrieb nennt man ihn „Papi“.

Gleich gegenüber des „Happy Beck“ liegt die Pforte zur „Zukunft“, so heißt einer der momentan beliebtesten Elektroclubs der Stadt. Anfangs noch ein Geheimtipp der urbanen Avantgarde, wurde er schnell vom Plebs aus den Vorstädten entdeckt, was dazu führte, dass „geheime Parties“ eingeführt wurden, von denen nur Auserwählte via SMS erfahren. Man will ja manchmal auch unter sich sein. Zusätzlich gibt es äußerst begehrte gravierte Fingerringe für einige Wenige, sie garantieren Eintritt und Preisnachlass.

Trotzdem oder gerade wegen dieser offenherzigen Arroganz platzt der Laden jedes Wochenende aus allen Nähten, vor allem kommen Mitglieder des mehr geduldeten als erwünschten Publikums – junge Männern mit Gel in den Haaren und engen T-Shirts, darauf Prints von englischen Wörtern mit mindestens einem „x“ drin, junge Frauen mit engen weißen Stoffhosen, unter denen sich der String abzeichnet, und superspitzen Schuhen, diesem internationalen Prollausweis.

Wieder draußen: Eine magere Drogensüchtige ist mit ihrem Kickbike gestürzt, direkt vor dem Longstreet. Ein paar modische Frauen helfen ihr aufzustehen und ernten einen pestigen Zusammenschiss. Sie gehen erschrocken weiter und reden davon, in den „Schnupf“ zu gehen, eine Spelunke, in die sich noch vor kurzer Zeit nie jemand reingetraut hätte, der nicht schon seit Jahrzehnten sein erstes Bier am Morgen dort trinkt – jetzt ist es in der Szene cool geworden, die Rückzugsorte sozial Aussortierter zu frequentieren. Durchmischung, auch hier. Durchmischung allüberall.

Nicht weit von hier, an der Eisenbahnlinie im nahen Industriequartier, war der Startpunkt eines ebenfalls sehr durchmischten Umzugs, wie ihn Zürich trotz Street-Parade-Abgebrühtheit noch nie gesehen hatte: Unter dem Motto „Reclaim the Streets“ organisierte die alternativ-künstlerische Szene 2003 ein Fest in Zürichs Straßen, etwa 3000 Menschen feierten mit und versuchten die gegenläufigen Anstrengungen der Polizei so gut es ging zu ignorieren. 2005 errichteten Initianten aus dem gleichen Umfeld eine Bretterstadt an der Sihl, gleich bei der Börse. Es sollte eine Demonstration sein gegen die Unterdrückung der Subkultur, gegen die Ausgrenzung missliebiger Personen und gegen mangelnde Freiräume für nicht-konsumorientierte Aktivitäten – und es war ein vier Tage dauernder Riesenspaß. Für die ganze Familie, sozusagen.

Die Subkultur ist in Zürich so sub gar nicht, und das ist gut so, es rettet die City vor dem Antiseptischen. Seit vielen Jahren schon schaffen es die jungen und schon älteren Wilden immer wieder, die Zwinglistadt in ihren Grundfestungen zu erschüttern und zu persiflieren. Da werden leer stehende Universitätsgebäude besetzt und zu öffentlich zugänglichen Museen, Clubs, Cafés, Künstlerateliers gemacht. Immer mal wieder geht das Gerücht von neuen „Zwischennutzungen“, halblegalen Besetzungen, oft zwischen Räumung und Abriss eines Hauses. Die sind heutzutage meist am Stadtrand, und Interessierte pilgern hin, erzählen danach von den tollsten Parties. Ganz nebenbei werden so neue Gebiete erschlossen, immer, wenn wieder ein Haus besetzt war, tut sich nachher etwas in dem Quartier, es wird lebendiger, urbaner.

Die Bewegung um die alternative Kunstszene zeigt sich auch in der Langstrasse, und zwar in einer avantgardistischen Galerie namens „Perla-Mode“, ein paar Schritte von jenem Platz entfernt, von dem aus sich so viele Fäden ins andere Zürich spinnen lassen. Das ist allerdings auch nur eine „Zwischennutzung“ – in ein oder zwei Jahren soll dort ein Hamam entstehen, munkelt man. Ein Hamam an der Langstrasse. Das klingt jetzt noch so abwegig wie vor zwei Jahren „echte Louis-Vuitton-Taschen an der Langstrasse“. □

Michèle Roten, *schreibt für „Das Magazin“ u.a. die legendäre „Miss Universum-Kolumne“, lebt im Zürcher Kreis 4 und vermeidet es möglichst, das Quartier zu verlassen.*

Luxemburgerli: Im Schaufenster der Sprüngli-Filiale am Paradeplatz locken Pyramiden der Luxus-Leckerli – mit unterschiedlichen Füllungen. Foto re.: die Sprüngli-Dynastie – in der Mitte Richard Sprüngli, der die Firma bis 1994 leitete, flankiert von seinen Neffen Milan (li.) und Tomas Prenosil

„Shoppen gehen" gehört zu Zürich wie der See, denn neben den Filialen der weltweit agierenden Markenboutiquen gibt es viele erstklassige und ganz spezielle Geschäfte **Texte** Jutta von Campenhausen, Anja Haegele **Fotos** Frank Taubenheim

EDEL + FEIN

SCHOKOLADE Kleine Köstlichkeiten

Das Schokoparadies liegt ausgerechnet in einem Zürcher Vorort namens Dietikon – welch Fehlbesetzung! Denn in der Fabrik der Confiserie Sprüngli stellen 500 Konditoren und Bäcker, weitestgehend von Hand, die raffiniertesten Schokoladen, Pralinen und Gebäcke der Schweiz her. Allein 650 Kilogramm der Sprüngli-Legende „Luxemburgerli" sind es am Tag – eine Menge, die kaum vorstellbar ist, wenn man weiß, dass ein luftiges Luxemburgerli nur acht Gramm wiegt. Es sind fünfmarkstückgroße Makrönchen aus Baiser, gefüllt mit Buttercreme oder Schokoladen-Ganache, erfunden gegen Ende der fünfziger Jahre von einem Sprüngli-Konditor, der aus Luxemburg stammte – daher der Name.

Tomas Prenosil, Geschäftsführer der Confiserie in sechster Generation, sagt: „Bessere Makronen bekommen Sie nirgends auf der Welt!" Prenosil sieht aus wie ein Skilehrer. Sehr schlank, sehr gebräunt, sehr blond. Er trägt Designerjeans, weißes Hemd und eine teure Uhr, und er sagt: „Ich liebe Schokolade, aber ich esse sie nicht, weil ich schlank bleiben will." Schwierig, schwierig, schließlich fabriziert Sprüngli, wie Prenosil findet, „weltweit einzigartige, unvergleichliche Produkte". Zum Beispiel die Truffes du Jour, Pralinen aus Rahm, Schokolade und frischer Butter, in den Sorten „Milch" und „Zartbitter", die jeden Tag frisch hergestellt und innerhalb von 24 Stunden verkauft werden. Im Verkaufsraum am Paradeplatz, frisch renoviert, mit Carraramarmor und rotem Granit ausgekleidet, gibt es für sie einen eigenen Verkaufstresen aus geäderter Deutscher Eiche. Fast vier Fränkli kosten zwei Truffes – die Zürcher sind trotzdem wild danach. Genau wie nach den Luxemburgerli, 36 Stück zu 30 Franken. Kommt, jeweils zum Saisonwechsel, eine neue Sorte Luxemburgerli auf den Markt, ist das Stadtgespräch.

Im Dietikoner Luxemburgerli-Himmel sind 40 Leute mit der Herstellung der Köstlichkeiten beschäftigt: Eischneemasse anrühren, auf große Bleche tupfen, backen. Die Temperatur des Ofens muss bis auf ein halbes Grad genau eingehalten werden, und jede Sorte bäckt unterschiedlich lang: 15 Minuten nur braucht „Mango", „Zimt" dagegen 18 Minuten. „Schon geringste Schwankungen machen aus knusprigen Baiser-Makrönchen pappigen Süßkram", seufzt Sepp Fässler, Maître Confiseur in Dietikon. Eine strenge Qualitätskontrolle sorgt dafür, dass nur perfekt symmetrische Luxemburgerli zur Verpackung kommen, denn „lieber haben wir keine Ware als mindere Qualität", sagt Fässler.

Das Aufwendigste an der Pralinen- und Schokoladenherstellung aber ist – man glaubt es kaum – die Verpackung. Von Hand werden die Leckerli in edle Kartons gelegt, mit poliertem Stanniol umhüllt, jede einzelne goldene Sprüngli-Schleife von flinken Fingern geknüpft. Wer das einmal gesehen hat, wird nie wieder eine Pralinenpackung hastig und achtlos aufreißen. Und – das wäre Sepp Fässlers Wunsch – künftig vielleicht auch jede Sprüngli-Praline so verspeisen, wie sie es in seinen Augen verdient hätte: „Wie ein kleines Meisterwerk!"

CONFISERIE | **SPRÜNGLI**
(b 3) Bahnhofstr. 21, Paradeplatz
Tel. 044 224 46 46, www.spruengli.ch

Farbenrausch: Blumenblüten und andere naturalistische Motive zieren die Seidengewebe, die André Stutz' Fabric Frontline produziert

SEIDE Schillernde Stücke

Eine rote Plastiknase, eine dicke Schicht weißer Paste im Gesicht und den Mund zu einem roten Dauergrinsen geschminkt – so ist der Unternehmer André Stutz nicht wiederzuerkennen. Stundenlang fotografierte ihn der Schweizer Künstler Ugo Rondinone im Clownskostüm. Das Kunstwerk, ein wandfüllendes Mosaik aus Nahaufnahmen der grell geschminkten Clownsvisage, hängt nun in der Boutique des Seidenherstellers Fabric Frontline in der noblen Bahnhofstrasse Zürichs. Harte Arbeit sei die Fotosession gewesen, sagt André Stutz, dabei ist er einer, der scheinbar ganztags den Clown spielt. Doch das täuscht. Stutz weiß, was Arbeit ist, so gut wie er weiß, was das Leben schön macht. Gemeinsam mit seinen Schwestern Elsa und Maya gründete er die Firma Fabric Frontline, ein Unternehmen, dessen Geschichte sich liest wie ein Groschenroman.

Zehn Jahre lang arbeitet „Andi" Stutz als Pfleger in der Psychiatrie. Deshalb sei er in der Modebranche so gut aufgehoben, sagt er: Er wisse, wie man mit Verrückten umgeht. Gemeinsam mit seiner Schwester Elsa heuert er bei einem Seidenhersteller an. Das Material gefällt den beiden, doch die Produkte finden sie scheußlich. Sie treiben Geld auf, holen ihre kleine Schwester Maya ins Boot und produzieren nun selbst. Nach fünf Jahren schreiben sie schwarze Zahlen.

Krawatten, Schals und Halstücher mit naturalistischen Motiven prägen das Image des jungen Unternehmens. Neu ist die Qualität, in der Blüten, Käfer und Kakteen aufs Gewebe gebracht werden. Fabric Frontline lässt seine Muster ätzen. Das Verfahren bringt brillantere Farben, weil nicht nur einige Fasern gefärbt werden, sondern die Fäden durch und durch mit Farbe getränkt werden – eine Kunst, die nur wenige Druckereien beherrschen. Für einen Foulard mit einer bombastischen Mohnblüte auf schwarzem Grund verwenden die Drucker zwölf statt der gängigen vier Farben. Der Aufwand ist enorm, das Ergebnis atemraubend.

Mit Couture-Stoffen von sagenhafter Qualität katapultierte sich Fabric Frontline in den Modehimmel. Chanel, Dior, Givenchy, Lacroix und Nina Ricci verwenden die in Norditalien gewebten Stoffe. Cecilia Bartoli trägt ausschließlich Roben aus Seide von Fabric Frontline, Alexander McQueen kreierte für Givenchy einen Mantel aus Zürcher Seide, die mit 18-Karat-Gold belegt war, Vivienne Westwood schwört nicht nur auf die Seiden der Firma, sie verbindet echte Freundschaft mit Andi Stutz.

„Talking Peaces" nennt Stutz seine Stücke. „Zu uns kommen die, die etwas Spezielles suchen, gute Leute, die Crème de la Crème", sagt Stutz, der sich dem Besucher als großzügiger Gastgeber zeigt, als lebenslustiger Spaßvogel, direkt und manchmal scheinbar schlicht, dabei feinsinnig und klug. Ein Clown eben – schillernd wie seine Seiden.

SEIDENSALON | **FABRIK FRONTLINE**
(B 5) Ankerstr. 118, Tel. 044 241 64 55; (b 3) Bahnhofstr. 25, Tel. 044 222 20 00, www.fabricfrontline.ch

Dass meine Uhren die Zeit anzeigen, ist ein netter Zusatznutzen", sagt Paul Gerber. Denn um die Zeit geht es nur nebenbei in seiner einfachen Kellerwerkstatt in Albisrieden. Das Radio dudelt, filigrane Maschinen sind auf grüne Werkbänke montiert. Paul Gerber ist einer der besten Uhrmacher der Schweiz, er hat im vergangenen Jahr den renommierten Prix Gaia, eine Art Oscar für Uhrmacher, gewonnen, und er steht zweimal im Guinness-Buch der Rekorde: für die kleinste Holzuhr der Welt und für die komplizierteste Armbanduhr der Welt.

Doch was Paul Gerber und seine Kunden an Uhren interessiert, ist eben nicht die Zeit. „Sie läuft ab, mehr nicht, und sie ist vorgegeben: Eine Stunde hat 60 Minuten und 3600 Sekunden", sagt er. Das ausgetüftelte Innenleben einer mechanischen Gerber-Uhr dagegen ist so gut wie unvergänglich. Und wenn einer so kreativ ist wie Gerber, dann scheint es, als sei fast nichts vorgegeben, als wäre alles möglich in dem „Wunderwerk", dem winzigen „Maschineli am Arm".

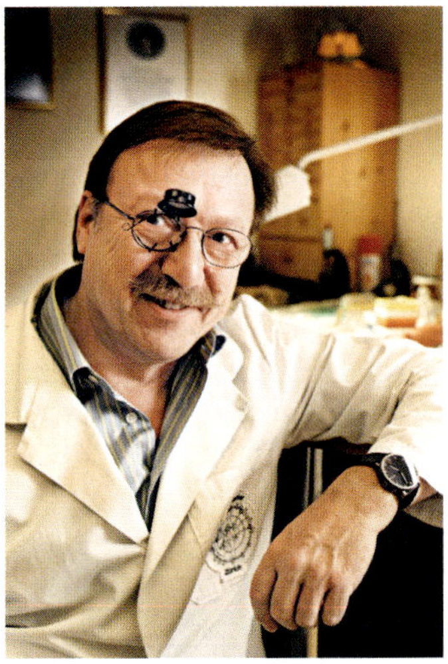

Eine Uhr ist für Gerber eine technische Herausforderung, es ist ihr Inneres, das ihn interessiert, das, was man nicht sehen kann, das Wie und Warum sie anzeigt, was sie anzeigt. Deshalb auch hat er sich nie an Damenuhren versucht. „Das Äußere einer Uhr, das Gehäuse, ist mir ein bisschen egal. Und für die meisten Damen sind Uhren Schmuckstücke, sie kaufen sie nach dem Äußeren. Meinen Kunden, den Männern, ist das Äußere so unwichtig wie mir. Es ist ja nur ein Schutz für ihr Spielzeug, ihre Uhr, dieses möglichst komplizierte Stück Technik." Dazu passt das schlichte, zeitlose Design der Gerber-Uhren.

Zeitlos ist auch das Adjektiv, das man auf Gerbers Äußeres anwenden könnte. Dunkelblond ist er, trägt Seitenscheitel, Schnauzer und eine altmodische Brille mit aufgesetzter Lupe und hat virtuose Hände. Uhrmacherhände. Gerbers Geschäft floriert, auch ohne eine Filiale an einer der Zürcher Prachtstraßen. Sein Laden hat nicht einmal ein Schaufenster, und auch auf Hochglanz-Werbeprospekte verzichtet der Uhren-Guru. Von Paul Gerber schwärmen die Freaks hinter vorgehaltener Hand, wer sich für Uhren interessiert, der kennt ihn.

„Auf der ganzen Welt gibt es nicht einmal eine Hand voll Leute, die dasselbe machen wie ich", sagt Gerber. Er sagt, dass er Superlative nicht besonders mag – aber wie soll man einen beschreiben, der etwas perfekt beherrscht, was man nirgends lernen kann? „Alles, was ich können muss, das Tüfteln, das Erfinden, das habe ich mir selbst beigebracht." Natürlich, Gerber hat eine Uhrmacherlehre absolviert. Aber da lernt man nur „Reparieren und Restaurieren und woraus eine Uhr im Prinzip besteht". Nämlich aus einer Energiequelle (etwa das Gewicht einer Wanduhr oder eine aufgezogene Feder), einem Regulierorgan, das gleichmäßige Schwingungen erzeugt (Pendel, Unruh oder Quarz) und dem Räderwerk, das beide Teile verbindet. An dem nun tüftelt Gerber, zeichnet, verbessert, verkleinert, verkompliziert, ergänzt, ersetzt und konstruiert – bis etwas Einzigartiges entstanden ist.

Zum Beispiel die Uhr „Retrograd", deren Sekundenzeiger nur eine Bahn von 120 Grad beschreibt und jede Minute pfeilschnell an seinen Startpunkt zurückspringt. Oder das „Modell 33" dessen Mondphase auf 128 Jahre genau berechnet ist. Der Preis für solch Meisterwerke? Gerbers Uhren kosten viele tausend Franken – das klingt teuer, aber reich wird man davon nicht, zu viele Stunden Arbeit stecken in jedem Stück. 12000 waren es für die komplizierteste Armbanduhr der Welt, die aus 1116 Einzelteilen besteht.

Jedes Rädchen, jedes Schräubchen, jedes Plättchen eigenhändig fräsen, polieren, montieren; fast jedes Werkzeug, das dafür nötig ist, selbst herstellen, mit der Lupe vor dem Auge arbeiten – für einen ungeduldigen Menschen klingt es nach Höllenqual. Für Gerber aber ist diese Arbeit das Paradies: „Ich bin jeden Morgen ungeduldig, endlich wieder in den Keller zu kommen, um Probleme zu lösen."

Der Meister und seine „Monduhr": Paul Gerbers Modell 33 zeigt den Leermond in Lapislazuli, den Vollmond bringen 54 Brillanten zum Leuchten

UHREN-KONSTRUKTIONEN | **PAUL GERBER**
(A 5) Bockhornstr. 69, Albisrieden, Tel. 044 401 45 69
www.gerber-uhren.ch

SPIELZEUG Kreative Kinderträume

Bauklotz & Co: Christa Pastorini verkauft Spiele mit Sinn

Man lässt den Kindern heute keine Zeit mehr zum Spielen. Dabei weiß man doch, dass Kinder, die lange spielen dürfen, später mehr Durchhaltevermögen haben und nicht gleich alles hinschmeißen", sagt Christa Pastorini. Sie war ein glückliches Kind. Sie wuchs im elterlichen Spielzeuggeschäft auf und konnte spielen, stundenlang. Vielleicht hat sie deshalb ihr Geschäft, den Spielwarenladen Pastorini am Zürcher Weinplatz, nicht hingeschmissen, als das Unternehmen in der Krise steckte. Mit einem Onlineshop und gezielter Werbung brachte sie den schönsten Spielzeugladen der Welt wieder auf Trab.

Christas Vater hatte 1945 die 1911 gegründete Papeterie übernommen. Auf Vorschlag eines Kinderarztes hin tauchten bald Fröbel-Bausteine im Sortiment auf. Fünf Jahre später war Pastorini ein Spielwarenladen. Und was für einer: Auf vier großzügigen Etagen präsentiert das Geschäft ganze Regale voller Murmelbahnen, traumhafte Puppen samt Lederränzen und Schuhen, Kinderkostüme mit Häuptlingsfederschmuck und Ritterhelm, Musikalien, zahllose Magnet- und Legespiele, Experimentierkästen, exzellent ausgesuchte Bücher, einen Fuhrpark vom Gokart bis zum Pedalo und vor allem Holzspielzeug. Bauernhöfe mit handgeschnitzten Tieren, Einkaufsläden, Puppenküchen und Bauklötze in allen nur denkbaren Formen. „Die Lernspiele, Sachbücher und das Bauholz bekommt man in dieser Auswahl nirgends sonst auf der Welt", sagt Pastorini. Das Sortiment hat sie nach ihren Kriterien ausgesucht, und die lauten: Spielzeug soll Phantasie fördern, Kreativität anregen und Fähigkeiten entwickeln helfen, und es sollte ökologisch einwandfrei sein. „Wir führen nichts, bei dem die Kinder nur Zuschauer sind", sagt Christa Pastorini, die selbst regelmäßig im Laden steht.

„Pastorini ist für gutes Spielzeug das Maß aller Dinge", sagt Matthias Etter, Erfinder und Hersteller der Murmelbahn Cuboro. „Wer dort im Programm ist, hat es geschafft." Als Etter mit seiner aus Schweizer Öko-Buchenholz handgefrästen Murmelbahn vorstellig wurde, lehnte die Chefin ab – Cuboro sei zu teuer. Weil das Konzept aber überzeugte, nahm sie vor Weihnachten eine Charge zum Testverkauf – und musste bis zum Fest dreimal nachbestellen.

Dass die Qualitätsspielwaren nicht billig sind, leuchtet ein. Aber auch wenn der Blick aufs Preisschild manchmal ein wenig schwindelerregend ist, ist es nahezu unmöglich, dieses Sinnenparadies mit leeren Händen zu verlassen.

SPIELZEUG | **PASTORINI**
(c 3) Weinplatz 3, Tel. 044 228 70 70, www.pastorini.ch

KAFFEE & CO Lauter Leckereien

Heinrich der Fünfte röstet seinen Kaffee stets selbst. Zweimal 150 Kilogramm pro Woche, 17 verschiedene Sorten. Dann öffnet er das Fenster seines Ladens, hinter dem die alte „Probat"-Röstmaschine aus den fünfziger Jahren steht, wartet, bis die noch grünen Bohnen die Temperatur von 150 Grad angenommen haben, sich braun färben und wunderbar duften. Auf der Straße bleiben die Leute stehen, saugen den würzigen Duft des Kaffees ein, und Heinrich Schwarzenbach, in fünfter Generation Inhaber des Kolonialwarengeschäftes Schwarzenbach, freut sich auf Kundschaft.

1864 war es, als Heinrich Schwarzenbach der Erste, Ururgroßvater des heutigen Chefs, in St. Gallen ein kleines Lebensmittelgeschäft eröffnete. Seit 1910 ist „Kolonialwaren Schwarzenbach" in der Zürcher Münstergasse 19 ansässig. Auf cremefarbenen Fliesen stehen eine große, U-förmige Theke mit Verkaufsvitrine, schwere Schuber und Regale bis unter die Decke, ein Schrank mit Mühlen und Schütten, speziell für den Kaffee, und massige, hellgelbe Kühlschränke.

Was damals bloß zweckmäßig war, ist heute charmant. Bei Schwarzenbach fühlt sich der Kunde wie im Kaufmannsladen aus dem Kindertraum. Fast nichts an der Einrichtung wurde verändert, noch immer sind die schweren Schuber mit Emailleschildern beschlagen, auf denen in altmodischer Schrift „Goldhirse" steht, „Gerste", „Reis" und „Hafergrütze". Die meisten Waren werden hier noch per Hand abgewogen, auf alten, mechanischen Waagen.

Das Sortiment hat sich verändert, gab es früher drei Sorten Trockenfrüchte, so sind es heute fast 40 Sorten. „Wir müssen in immer kleinere Nischen stoßen", erklärt Heinrich Schwarzenbach. Wo findet man sonst 19 verschiedene Salze oder 13 Reissorten, darunter orangeroten aus der Poebene? „Ich habe keine Ahnung, ob es den Laden in 20 Jahren noch geben wird", sagt Schwarzenbach. „Leider gehen die Supermärkte jetzt auch in das Spezialitätensegment." Mag sein. Aber den Charme eines Kaufmannsladens kann kein Supermarkt haben. Und bei Schwarzenbach, hinter den dunklen Scheiben mit der goldenen Aufschrift, da kauft das Auge mit. □

Heinrich Schwarzenbach in seinem Kaufmannsladen

KOLONIALWAREN & KAFFEERÖSTEREI
H. SCHWARZENBACH
(d 3) Münstergasse 19, Tel. 044 261 13 15
www.schwarzenbach.ch

„Wenn ich nicht hier bin, bin ich auf'm Sonnendeck": Die Zeilen aus Peter Lichts Sommerhit beschreiben treffend das Verhalten des typischen Zürchers – „Tout Züri" strebt ans Wasser, hier in die Badi Utoquai

ZÜRI MACHT NASS!

Im Sommer ist das Angebot an schönen Orten und gehobenem Freizeitspaß so üppig, dass die Wahl-Zürcherin Sibylle Berg ständig das Gefühl hat, etwas zu verpassen. Willkommen in der Stadt der Luxusprobleme

Fotos: Arthur F. Selbach

Im Sommer versprüht die Stadt am See mit ihren vielen Badeanstalten pure Lebensfreude. In der Mittagspause ein Sprung von der Quaibrücke ist wie ein Mini-Urlaub und erfrischt Körper und Geist

Wenn das Wetter mitspielt, veranstaltet der Verein Zürileu alljährlich im August das große Limmatschwimmen. Oft gehen 4000 Teilnehmer ins Wasser. Ein großes Event mit Volksfestcharakter

EIN MEER IN DEN ALPEN

Lehrreiche Sommergeschichten müssen, wollen sie ein wenig über Tourismuswerbung hinausgehen, zwingend im Winter beginnen. Sommer kann jeder. So wie man einen Menschen am besten in Krisensituationen kennen lernt, zeigt sich im Winter, ob die Beziehung zu einer Stadt eine Liebesgeschichte werden kann. Zürich im Winter ist ein Dorf in Grau und Feucht. Zu viel Wasser, dass die Luft schwer wird davon, der Nebel darüber, der in den Bergen hängt. Wäre Zürich eine Person, dann vermutlich eine Dame, wie Katharine Hepburn sie darstellte. Ein bisschen spröde, wenig einnehmend, sehr stur.

Einen Großteil seiner Schönheit verdankt Zürich seinen Bäumen, der Sicht auf die Berge und dem Reichtum. Nur Autisten kämen auf die Idee, im Winter diesem Ort zu verfallen. Und doch ist die öde Jahreszeit maßgeblich an der Entwicklung des folgenden Sommers beteiligt.

Seit 1902 wird zu jedem Winterende auf der Freifläche vor Udo Jürgens' Wohnung am See, dem Sechseläutenplatz, der Böögg verbrannt. Ein 3,40 Meter großer Schneemann aus Ersatzmaterial, und jeder Schweizer weiß: Je kürzer die Brennzeit des Wattegesellen ausfällt, desto schöner wird der kommende Sommer. Das Ereignis wird übrigens landesweit im Fernsehen übertragen. Live. Drei Stunden lang. Doch dazu später. Brennt der Böögg also unter zehn Minuten ab, steht einer Sommeraffäre mit Zürich nichts mehr im Weg. Es fällt leicht, die Stadt bei ausreichender Ausleuchtung zu bewundern, denn sie gleicht von Mai bis Oktober einer eleganten Yacht auf dem Mittelmeer. Ohne Mittelmeer. Und ohne Yacht.

Etwas Abweisendes geht selbst in ihrer schönsten Jahreszeit von dieser Stadt aus, deren Wohlstand einem körperlich durch die absurde Ruhe in ihr klar wird. Als hätten alle Verkehrsmittel kleine Kaschmirpolster unter den Rädern, als wüssten die Men-

Herrlich altmodisch: Die Holzkonstruktion des Frauenbads stammt aus dem Jahr 1888, und bis heute bleiben hier die Frauen unter sich

Im Umkleideraum am Utoquai macht man sich schwimmfein

schen, dass der Sommer zu kurz ist, um ihm mit Aufregung die Schönheit zu rauben, scheint alles seltsam gedämpft.

Ein Sommer in Stresa ist sicher romantischer, in Barcelona aufregender, doch Zürich hat etwas, das rar geworden ist in der Welt: die Ausstrahlung von unendlicher Perfektion.

Im vergangenen Jahr schaffte Zürich es wieder auf den ersten Platz des weltweiten Lebensqualitäts-Rankings. Sie ist die größte Stadt der Schweiz und zugleich die einzige, die trotz ihrer geringen Einwohnerzahl (im Innenbereich unter 400 000) weltstädtisch wirkt. Das liegt an den 30 Prozent Ausländern, die hier leben, an der Vielsprachigkeit und natürlich an der Finanzkraft, die das Kulturangebot so international macht. Allein das Tempo ist überschaubar geblieben und die Gelassenheit der Einwohner sucht Ihresgleichen.

Obgleich man die Sprache der Zürcher Ureinwohner rudimentär verstehen kann und Teile der Schweiz zum deutschen Sprachraum gerechnet werden, erwartet den deutschen Touristen oder gar Neueinwanderer ein Kulturschock, den er sich nicht genau erklären kann. Tausende Deutsche kamen in den vergangenen Jahren, um zu bleiben, und es wird länger dauern, bis sie sich akklimatisiert haben, die Stimmen gedämpft, die Hektik vergessen. Mit der Zeit werden sich auch ihre harten Konsonanten abschleifen, und ihr Gang wird langsamer werden. Wirklich verstehen werden sie die Schweizer aber sehr viel länger nicht. Besonders im Sommer, wenn alle noch bessere Laune haben als ohnehin schon, denn auch im Punkt Lebenszufriedenheit führen die Schweizer globale Umfragen an, und man sich fragt, warum die gute Laune der Bevölkerung so wenig ansteckt, warum man nicht wirklich mit ihr in Kontakt zu treten vermag.

Was dem Touristen bleibt, ist die unfassbare Schönheit des Ortes, und sein größtes Problem: Was macht man nur damit? Tausend Plätze, die Postkarten gleichen, und wehe dem Unruhigen, er wird stündlich das Gefühl haben, etwas zu verpassen. Jeden Sommertag gilt es sich zu fragen, welche Feriengefühle man in sich erzeugen möchte.

Gleich hinter der Stadt beginnt das Land. Mit Tieren, Bauernhöfen mit Restaurants, kühlem Wald und diesen wunderbaren Selbstbedienungsbuden, an denen man direkt vom Bauernhof Blumen, Obst, Säfte und Kuchen kaufen kann, und es nur vom eigenen guten Charakter abhängt, ob man bezahlt. Der Sommer auf dem Land heißt wandern durch wohlriechende Wiesen, freundliche Insekten mit perfekten Umgangsformen, kühle Bäche und Abgeschiedenheit.

Will man etwas mit Wasser zu tun haben, muss man sich fragen, in welcher Form. Hunderte von Bädern an See und Fluss (mit Trinkwasserqualität) gibt es. Auf dem See liegen Pontons mit Tagesbetten unter Baldachinen, kleine gut gekleidete Enten schwimmen vorüber. Das wäre die Seevariante für junge Paare. Es gibt ferner die reizendsten Plätze für Familien, Pubertierende, für Nackte, Homosexuelle, es gibt Inseln und wilde Stromschnellen, alternative Bars und aufgetakelte, Sandstrände und Kiesel, Restaurants mit Wasseranstoß, Restaurants auf Booten, Restaurants auf Wiesen, und selbst völlig einsame Plätze kann man finden.

Zürich gleicht einem überladenen Supermarkt. Überall in der Stadt lungern Sofas herum, die um Benutzung betteln, überall gäbe es die Möglichkeit, Dinge zu essen, zu trinken, wer soll da nicht verrückt werden und das Gefühl haben, alles zu verpassen? Nach einem Tag an den Gewässern oder im Gebirge, auf dem Bauernhof oder im See, nach frischen Säften, mit Sushi im Bauch oder Sonnenbrand, mit einem Kopf, der zu voll ist mit Schönheit, mit Alpen im Hintergrund und perfekt aussehenden Menschen um einen, bringt die Nacht im Sommer noch mehr Unmöglichkeit, sich zu entscheiden. Kinoleinwände an Fluss und See, Freiluft-Konzerte, Restaurants mit aufwändig gestalteten Gärten. Doch all das lässt einen so merkwürdig unberührt, greift die Seele nicht an, erzeugt keine Gefühle außer dem, etwas nicht zu verstehen. Nicht dazuzugehören. Warum gibt es keine schmutzigen Ecken in der Stadt? Warum sind alle so übertrieben höflich?

Ich entgehe der Konfusion der Überangebote durch Verweigerung. Ich kann das, denn ich muss die Stadt nicht verlassen nach einem kurzen Besuch. Zu den Zeiten größter hormoneller Sommeraufladung bleibe ich zu Hause. In Kissen geschmiegt, schaue ich Fern-

LEBEN OHNE HEKTIK

Der alte Eingang des Utoquai erinnert an Zeiten, in denen man zum Baden mehr an- als auszog

An der Limmat lädt das Flussbad Unterer Letten zum Sonnen auf alten Holzstegen und Schwimmen im oft strömungsreichen Wasser ein

Flughafen Zürich
WeberHarbeke
Duty Free ZRH
Freuen Sie sich auf das Duty Free Paradies.
Im Passagierbereich des Flughafen Zürich erhalten Sie Parfums, Spirituosen und Raucherwaren zu unschlagbaren Preisen. Denn hier sind Ihre Einkäufe von den Alkohol- und Tabaksteuern befreit. Dazu finden Sie in über 60 Läden eine riesige Auswahl an Mode, Accessoires und Kosmetika internationaler Marken sowie Schokolade, Uhren und weitere Schweizer Spezialitäten. www.flughafen-zuerich.ch
DUTY FREE PARADISE
Zurich Airport
SWITZERLAND

Andrang am Tresen der beliebten „barfussbar“ im Frauenbad am Stadthausquai

Erst wenn die Sonne untergegangen ist, öffnet die „barfussbar“ ihre Pforten auch für Männer. Bei kühlen Drinks wird dann gechillt und oft auch getanzt

PERFEKTE TAGE AM SEE

sehen, das ist das Beste, um ein Land oder eine Stadt wirklich zu verstehen. Oder wenigstens eine Ahnung von der Mentalität der Einwohner zu bekommen. Das Schweizer Fernsehprogramm bietet Befremdliches. Man kann Schweizern stundenlang beim Karten spielen zuschauen. Mit sorgfältige Ruhe werden Volksfeste übertragen, und der Höhepunkt ekstatischen Rausches ist die Sendung in der nichts passiert, außer dass ein Helikopter über die Schweiz fliegt, eine Stunde lang. Ein Straßenfeger, diese Sendung, die einem einiges klar macht: Ein Land, das es sich zu Hauptsendezeiten erlauben kann, unkommentiert Bilder aus einem Hubschrauber auszustrahlen, sucht seinesgleichen. An der Ruhe, die man selbst in Zürich spürt, hat sich in unserer schnellen Zeit nichts geändert, obwohl die Schweizer sich mittlerweile nicht mehr auf ihrer oft an Feigheit grenzenden Neutralität ausruhen, sie wachsen. Und wie jedes Wachstum, hat es auch unangenehme Begleiterscheinungen. Eine Orientierungslosigkeit, eine Verwirrung ist da, wenn die alte Größe verlassen wird und eine neue noch nicht etabliert ist.

Immer noch ist die Schweiz ein extrem vorbildliches und kultiviertes Land. Sicher: Es kümmert sich um seine Schwachen. Das könnte mehr sein, doch es ist immer noch mehr als in den meisten Ländern dieser Welt. Die Schweizer sind kein Volk, das permanent auf Tischen tanzt, und das lebenslustig mit den Händen wackelt beim Reden. So sorgsam sie sich ihr Fernsehprogramm ansehen, zusehen, wie Hubschrauber fliegen oder wie andere Schweizer Karten spielen, genauso ist das Leben hier. Man hilft Leuten noch auf die Füße, die umgefallen sind, weil sich das so gehört, und nicht, weil die Menschen hier außerordentlich anteilnehmend wären. Ist der Keller voll Wasser, kommt die Feuerwehr und pumpt ihn leer. Auch das war im Fernsehen zu betrachten. Schweizer, die aus überschwemmten Häusern gerettet wurden. Und dann die Achseln zuckten und sagten: Naja, dann müssen wir halt warten, bis es wieder trocken ist.

Der Schweizer ist durch Jahrhunderte harter Bergbauernarbeit geprägt. Das hat die Menschen stoisch werden lassen, nicht leicht zu beeindrucken, und erst recht durch wenig aus der Ruhe zu bringen. Was die meisten wirklich interessiert, ist Geld, zu dem die Menschen hier eine sinnlichere Beziehung haben als zum Essen. Die Höflichkeit basiert auf dem Mangel an Weltgewandtheit – besser nichts falsch machen – und der Angst, ein Geschäft zu verpassen. Kultur interessiert nur, wenn damit Profit zu machen ist.

Schaut man jedoch genauer hin, sieht man, dass Zürich voll ist mit Menschen, die aus dem System gefallen sind. Aber sie bestimmen nicht das Bild: Andersartigkeit? Dazu ist jeder Quadratmeter zu teuer.

Wie ein einsamer Planet scheint die Schweiz in Europa zu schweben. Alles ist hier ein bisschen unverständlich für den Besucher. Wenn Sie Glück haben, ist der Sommer in Zürich trocken. Dann werden Sie, durch das Fernsehprogramm geschult, durch die absurd perfekte Stadt gehen. Bleiben Sie einfach irgendwo sitzen, denn bei dem Versuch, viel zu sehen, können Sie nur scheitern. Doch bevor Sie ihren Urlaub planen, schauen Sie nach, wie schnell der Böögg verbrannt ist. □

Sibylle Berg, *Schriftstellerin, geboren in Weimar, lebt in Zürich und findet die Menschen dort überhaupt nicht spießig.*

MERIAN | TIPP Bäder

Seebad Utoquai
Utoquai
10. Mai -15. Sept.
tgl. 7-20 Uhr
Eintritt: Erw. 6 Fr, Kinder 3 Fr

Flussbad Unterer Letten
Wasserwerkstrasse 141
10. Mai-7. Sept. tgl. 9-20 Uhr
Eintritt frei

Frauenbad
Stadthausquai
10. Mai-15. Sept.
Mo-Fr 7.30-19.30 Uhr
Sa/So 8.30-19.30 Uhr
Eintritt: Erw. 6 Fr, Kinder 3 Fr

Infos zu allen Zürcher Bädern unter **www.stadt-zuerich.ch** (A-Z: Freibäder)

NZZ
Intelligente Vielfalt
Die Arbeit an der Sprache ist Arbeit am Gedanken.
Neue Zürcher Zeitung
Oberflächliche Information bieten viele. Authentische Korrespondentenberichte, kluge Analysen, klare Kommentare und spannende Reportagen nur wenige. Die «Neue Zürcher Zeitung» – für Menschen, die weiterdenken. Jetzt 2 Wochen lang kostenlos testen: Tel. 0800 181 58 98 (zum Nulltarif), leserservice-international@nzz.ch
Neue Zürcher Zeitung

MODERNE KUNST

Die Argentinierin Nicola Costantino hat für ihre Serie „Peleteria con piel humana“ nicht nur diesen Fußball, sondern auch Schuhe und Kleider, Umkleidekabinen und Hocker aus künstlicher Menschenhaut hergestellt. Sie bezieht sich dabei auf Arbeiten des Amerikaners Robert Gober, der häufig Körperteile aus Bienenwachs und Ölfarbe fertigt, um sie dem Betrachter in verstörender Weise zu zeigen. So ragt diese Brust („Ohne Titel“) wie eine Amputation aus der nackten Wand

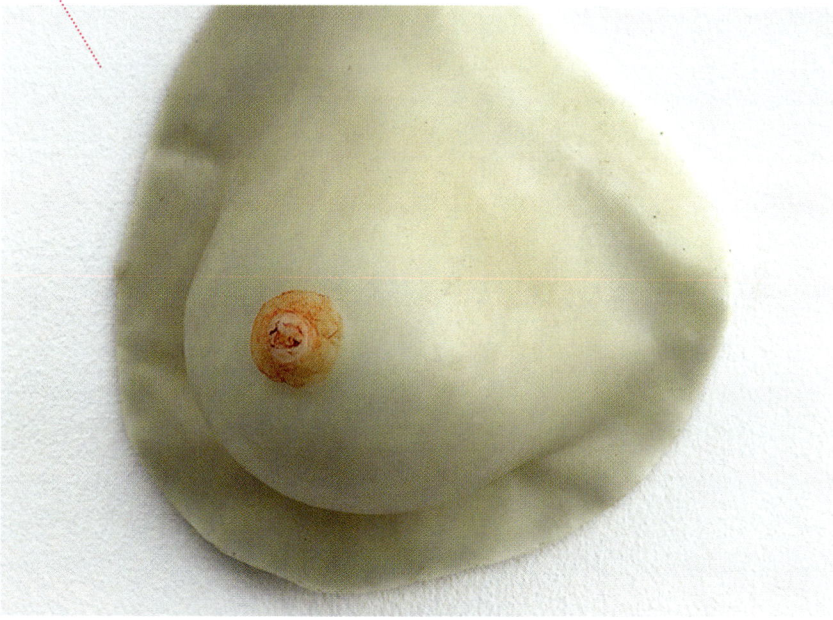

In der ehemaligen **LÖWENBRÄU-BRAUEREI** hat sich in gerade einmal zwölf Jahren eine der bedeutendsten Kunstszenen Europas etabliert. Das historische Ambiente inspiriert die Arbeit der zeitgenössischen Künstler

Text: Anja Haegele

HAUTNAH

Kunst ist: die Reaktion auf ein Gebäude, eine Situation oder eine Lebensphase

Der deutsche Künstler Andreas Hofer interessiert sich für die Spuren, die Menschen in den Räumen hinterlassen, die sie einmal bewohnt haben. In seinem Werk „Phantom Gallery“ stellt er solche Spuren künstlich her.

Von 1898 bis 1988 war das Löwenbräu die Wirkstätte von Brau- und Gärmeistern. Heute berauscht hier die Vielfalt zeitgenössischer Kunst

„La Grande Classique“ heißt das 2006 entstandene Werk des Schweizers Valentin Carron. Bei Uhren waren die Eidgenossen eben schon immer Künstler

Eine leere Wohnung. Die Teppiche abgetreten und voller Flecken, aber dort, wo einst die Möbel standen, hell noch und flauschig. Eine Kommode, ein Schrank, an der Wand die bräunlichen Schatten abgehängter Bilder, ein zerschlissener Vorhang baumelt von der Stange. Beleuchtet wird die Szenerie von einer nackten Glühbirne, die von der Decke hängt. Es ist eine Wohnung, in der die Geister derer, die hier einmal lebten, verblieben sind. Doch diese Wohnung ist nur eine Inszenierung, ein Kunstobjekt, „Phantom Gallery“, geschaffen aus Gipswänden, Teppichen und Farbe von Andreas Hofer, einem deutschen Künstler mit internationalem Ruf, für die Galerie Hauser & Wirth in Zürich.

Überall könnte man dieses Werk zeigen, überall würde es beim Betrachter Assoziationen hervorrufen, an abgestreifte Lebensphasen, an Glück und Trauer, die wie die Schatten abgehängter Bilder in den Wänden unserer früheren Wohnungen verblieben sind. Doch hierher, in die Galerie im Löwenbräu-Areal, passt Hofers Arbeit perfekt. Denn Europas wohl wichtigstes Zentrum für Gegenwartskunst, in dem sich drei Museen und eine Handvoll international agierender Galerien angesiedelt haben, ist voller Schatten seiner Vergangenheit. 90 Jahre lang, von 1898 bis 1988, wurde hier Bier gebraut. Dann lag die Industrieruine brach, bis 1996 die Kunst einzog, samt Zwischendecken für Stockwerke und hohen Fenstern für mehr Licht.

Von außen durfte nicht viel verändert werden, denn die alte Brauerei, ein eher schmuckloses Gebäude aus rotem und gelbem Backstein, ist als Baudenkmal geschützt. „Löwenbräu Zürich“ prangt in großen Lettern über dem Eingang, und ein gefliestes Mosaik im Foyer verkündet „Hopfen und Malz, Gott erhalts“. Die Zeichen der neuen Zeit sind subtiler: Zwei hohe, schmale LED-Leuchtbänder laufen die Fassade entlang, rot auf schwarz. Reklame, könnte man meinen. Doch wer sich für zeitgenössische Kunst interessiert, erkennt die typischen Lichtinstallationen der Amerikanerin Jenny Holzer.

„Das Gebäude zwingt die Künstler zu reagieren“, sagt Florian Berktold, Direktor der Zürcher Dependance von Hauser & Wirth. Es hat viele von ihnen inspiriert, ihren Werdegang beeinflusst, zum Beispiel den der Videokünstlerin Pipilotti Rist, längst ein internationaler Star, deren Aufstieg eng mit dem Löwenbräu-Areal verbunden ist.

Statt lichtdurchfluteter, weiß gestrichener Würfelräume, in denen Künstler normalerweise arbeiten, finden sie hier kathedralenhohe Säle, unterbrochen von quadratischen, eierschalenfarben gekachelten Säulen. Viele davon sind nicht mehr ganz proper – die Kacheln angefressen, zerstoßen im Laufe der Zeit. Die Wände in Keller und Erdgeschoss sind mit 30 Zentimeter dicken Korkschichten isoliert, das sollte die Hallen kühl halten. Denn hier hingen, an riesigen Haken, die vielfach erhalten geblieben sind, Biertanks von den Decken. Alte Tafeln, mit Kreide beschriftet, zeugen von der Arbeit der Braumeister: Säuberlich notierten sie, welche Sorte Sud in den Tanks lagerte und wie er sich entwickelte.

Im zweiten Stock trennt eine marmorgefasste Stahltür, üppig mit Jugendstilmotiven verziert, die Räume der Galerie Hauser & Wirth von denen der Daros Collection. Dort, wo heute die Sammlungen gezeigt werden, lagen einst die Gärbecken, steinerne, geflieste Riesenbottiche, gefüllt mit bis zu 4300 Hektolitern Bier. Direktor Walter Soppelsa führt über eine steile, schmale Treppe mit einem Art-déco-Geländer aus poliertem Stahl auf eine grün gekachelte Rampe. Von hier oben, sagt er, gewinnen die Besucher der Ausstellung einen ganz neuen Blick auf die Exponate. Früher, erklärt er, wurde von dieser Rampe aus die Gärung überwacht. Hinter einer eisenbeschlagenen Tür hatte der Gärmeister sein Büro. Der Raum, gerade einmal drei Quadratmeter groß, wirkt unverändert, es riecht muffig. In einem Schuber liegt ein vergilbter Packen Notizzettel, auf einem davon steht das Rezept zur Entfernung von Bierstein aus den Becken: ein Liter Schwefelsäure auf vier Liter Wasser.

Die Rezepte, nach denen heute in der alten Brauerei gearbeitet wird, sind komplizierter. „Was macht eine Ausstellung interessant? Wann kommen viele Besucher? Was wollen wir vermitteln?“, sind die Fragen, die Kuratoren und Galeristen umtreiben. Walter Soppelsa zeigt gerade die Ausstellung „Face to Face“, in der Werke europäischer und US-amerikanischer Stars mit denen weniger bekannter, lateinamerikanischer Künstler korrespondieren sollen. Das eröffnet spannende Einblicke in die Kunstgeschichte: So wurde zum Beispiel einem Action-Painting-Werk des Amerikaners Jackson Pollock die Arbeit des jungen Puerto-Ricaners Chemi Rosado Seijo gegenübergestellt.

Pollock legte Leinwände auf den Boden und bemalte sie, indem er, angebohrte Farbdosen in beiden Händen, darübertanzte und die Farbe der Bewegung entsprechend tropfen ließ. Rosado Seijo wählte als Hommage an Pollock ein zeitgemäßeres Verfahren: Er bemalte Sperrholzplatten mit Acrylfarbe und fuhr so lange mit dem Skateboard darüber, bis die Spuren seiner Bewegung den schwungvollen Farbstrukturen Pollocks glichen.

Ähnlich unverkrampft bezieht sich die Argentinierin Nicola Costantino auf Robert Gobers Nachbildungen weiblicher Brüste: Sie nähte einen Fußball aus künstlicher Menschenhaut – aus jedem Sechseck des Balls ragt eine Brustwarze hervor – der Männerwelt liebste Spielzeuge, vereint in einem Objekt.

Etwa zwei Dutzend Kunstwerke unterschiedlicher Epochen und Kontinente treten auf diese Weise miteinander in Dialog, und obwohl etliche der jungen Künstler ihren Vorbildern ausdrücklich die Reverenz erweisen, hat die Ausstellung den Charakter eines Labors, in dem nachgewiesen werden soll, wie sich in der Kunst das ganz Neue immer aus dem bereits Dagewesenen entwickelt, so als würfen Künstler sich gegenseitig Bälle zu, von denen die einen früher, die anderen später gefangen und weitergespielt werden.

Das Löwenbräu-Areal habe sich auch wie ein Schneeballsystem entwickelt, sagt Walter Soppelsa. 1996 mietete zunächst die Kunsthalle Zürich, ein Verein, der sich seit Mitte der achtziger Jahre um die Präsentation von zeitgenössischer Kunst in Zürich bemüht hatte, Räume im zweiten Stock der ehemaligen Brauerei. Zeitgleich bezog das Migros-Museum für Gegenwartskunst, später die Galerien Hauser & Wirth, Eva Presenhuber, Bob van Orsouw und Peter Kilchmann, schließlich die private Daros-Sammlung ihre Räume im Löwenbräu-Gebäude. Das Modell, ein mit öffentlichen Geldern finanziertes Museum, private Sammlungen und kommerzielle Galerien unter einem Dach zu beherbergen, war und ist weltweit einzigartig. Erst seit ein paar Monaten, so berichtet Beatrix Ruf, die Direktorin der Kunsthalle, werden in London und Oslo ähnliche Kunstquartiere geplant.

Wahrscheinlich, weil der Löwenbräu-Erfolg in Zürich so durchschlagend war. Ein bisschen muss man es sich vorstellen, als wäre in der alten Brauerei auf einen Schlag ein Stadtteil wie Chelsea oder Soho in New York entstanden, wo sich die Szene, Galerien, Museen und die Konsumenten, die all das interessiert, über Jahre hinweg ansiedelten. In

Der amerikanische Aktionskünstler Paul McCarthy formte für die Ausstellung „Pirate Drawings“ Abgüsse seines Kopfes und seiner Hände.

Die riesigen Pappmaché-Apostel seiner Installation „Abendmahl“ hat Christoph Schlingensief auf einem brasilianischen Karnevalswagen entdeckt und um eine Mohammed-Figur ergänzt

Kunst ist: wenn das Neue aus der Beschäftigung mit dem Alten entspringt

Zürich hatte es lange Jahre nur das Kunsthaus mit seiner Sammlung aus dem 19. und frühen 20. Jahrhundert gegeben. Wer Gegenwartskunst sehen wollte, musste nach Basel fahren.

Nun, plötzlich, werden mehr als 20 hochkarätige Ausstellungen im Jahr eröffnet, ehrgeizige Kuratoren präsentieren Werksüberblicke und einordnende Gruppenausstellungen. Beatrix Ruf erinnert sich: „In der Nachbarschaft siedelten sich immer mehr junge Galerien an, coole, halblegale Clubs und Restaurants – und all das in einem Stadtteil, der jahrelang ein brachliegendes Zentrum der aggressiven Zürcher Drogenszene gewesen war." Fast, so meint man herauszuhören, wurde das Viertel schneller hip, als es den Kunstschaffenden lieb war.

Beatrix Ruf entspricht beinahe klischeehaft den Vorstellungen, die man von einer Kuratorin für Gegenwartskunst hat: raspelkurz geschnittene, blauschwarz gefärbte Haare, die Augen mit dunklem Lidstrich umrahmt, anthrazitfarbener Anzug, extrem kurze Fingernägel, ein würziges, schweres Parfüm. Den Ruhm der Kunsthalle hat sie entscheidend mitgeprägt, immer wieder gelangen ihr die ersten Einzelausstellungen junger Künstler, die im Anschluss berühmt wurden. Ruf erstellte wegweisende Kataloge – ohne auf schnellen Erfolg zu setzen: „Oft werden die Kataloge unserer Ausstellungen erst zwei bis drei Jahre später bestellt, wenn ein Künstler für das große Publikum spannend geworden ist", berichtet sie.

Was spannend wird, entscheidet sich recht häufig zwei Stockwerke tiefer, in der Galerie Hauser & Wirth. „Keiner", so schrieb das Kunstmagazin *art*, „wirkt stärker darauf ein, wer demnächst auf den Ranglisten des Kunstbetriebs die oberen Plätze einnimmt." Vom Erdgeschoss der ehemaligen Brauerei aus werden Künstler wie Gerhard Richter, Louise Bourgeois und Pipilotti Rist vertreten, Sammler vom Kaliber eines Friedrich Christian Flick beraten und Vernissagen veranstaltet, die so wichtig sind, dass viele Gäste aus den USA anreisen.

Als Hauser & Wirth kurz nach Kunsthalle und Migros-Museum die Räume

Kunst ist: der Versuch, existenzielle Fragen zu beantworten

Die Schwäche des menschlichen Körpers beschäftigt Markus Schinwald. Seine Skulpturen scheinen zu zerfließen

im Löwenbräu bezog, war es „für uns die Chance, mit den Institutionen ein Gebäude zu teilen", bekennt Florian Berktold. „Für unsere Sammler und für uns selbst wird die Szene durch diese Nähe transparent: Wer zeigt was, wer setzt welche Schwerpunkte? Um das zu erfahren muss ich keine Trendscouts engagieren, das sehe ich täglich vor unserer Haustür", sagt Berktold.

Er sieht es, bewertet es und setzt es um in klingende Münze. Denn, so intellektuell, trendig und spannend der Kunsttempel in der alten Brauerei auch ist – in letzter Konsequenz treibt hier derselbe Motor das Geschehen wie ein paar Kilometer weiter im Bankenviertel: Das Geld. „Das Zürcher Kunstwunder ist vor allem ein Finanzwunder", urteilte *art* schon 2002. Weltweit hat Zürich mittlerweile den drittgrößten Marktanteil im Handel mit Gegenwartskunst.

Skeptisch sehen das nur wenige Idealisten, zum Beispiel Heike Munder, die Direktorin des Migros-Museums für Gegenwartskunst. Die 39-jährige Deutsche verbirgt ihre fast schon streberhaft anmutend steile Karriere hinter einem Girlie-Outfit: weiße Lackstiefel, lila Strumpfhose, darüber ein grauer Kostümrock, weißes T-Shirt, hellblaue Strickjacke und die dunkelblonden, seitengescheitelten Haare im strähnigen Out-of-Bed-Look.

„In den Galerien an der Limmatstrasse werden Millionen umgesetzt", bestätigt Heike Munder und erzählt von prominenten Kunden, die „auf die Schnelle einfliegen, ein Werk kaufen und wieder weg sind". Von diesem „fetten Kuchen", sagt sie, „wollen natürlich alle etwas abhaben und machen ihre Programme deshalb gefälliger, als es von einem intellektuellen Standpunkt her vielleicht gut wäre." Für Munder bedeutet die Präsentation zeitgenössischer Kunst dagegen vor allem eine theoretische Auseinandersetzung mit menschlich existenziellen und psychologischen Fragen – und die kommt ihr im Löwenbräu-Areal manchmal zu kurz. „Die Schweiz hat so eine Wohlfühlkultur, bloß nicht provozieren, allen soll es gut gehen, und man ist sich einig, dass es allen gut geht, wenn die Kasse stimmt."

Der Zürcher Stadtverwaltung jedenfalls kommen die hohen Umsätze der Galerien zupass – schließlich fallen bei jedem Transfer Steuergelder an. Wohl auch aus finanziellen Erwägungen hat die Stadt deshalb Ende Februar 2008 angekündigt, für 14,5 Millionen Schweizer Franken jene Fläche des Löwenbräu-Areals zu kaufen, auf dem die Kunstbetriebe angesiedelt sind. Die Eigentümerin des Löwenbräu-Areals, die PSP Swiss Property, nämlich wird das restliche Gelände umbauen, um teure Lofts und Büroräume zu schaffen. Ein Bürogebäude mit 38 Metern Höhe und ein 70-Meter-Wohnturm sind geplant, letzterer wird den denkmalgeschützten Malzsilo im Hinterhof um 40 Meter überragen.

Bei aller Skepsis der Kunstschaffenden, ob der Umbau nicht die Yuppisierung des Geländes erzwingen wird, sind sich doch alle einig, dass er zumindest einen Vorteil birgt: Das Fitness-Studio im Erdgeschoss, das mit seiner schweißig-schmuddeligen Atmosphäre so gar nicht zum coolen Ambiente der Gegenwartskunst passt, wird früher oder später ausziehen müssen – seine Räume sind bereits als Vergrößerung der Museums- und Galerienräume verplant. „Die Mucki-Bude hat nie zu uns gepasst", sagt Daros-Collection-Direktor Soppelsa. Und die Künstler warten nur darauf, hier endlich intellektuelle Muskeln spielen zu lassen. □

Anja Haegele, MERIAN-*Redakteurin, war beeindruckt vom pädagogischen Konzept im Löwenbräu-Areal. „Hier ist Gegenwartskunst für jeden interessant, weil sie richtig vermittelt wird!"*

MERIAN | INFO

(A 3) **Löwenbräu-Areal**
Auf dem Gelände der ehemaligen Brauerei sind heute drei Museen (Kunsthalle, Migros Museum für Gegenwartskunst, Daros Collection) vier Galerien (Hauser & Wirth, Eva Presenhuber, Peter Kilchmann, Bob van Orsouw) und eine Kunstbuchhandlung (Kunstgriff) untergebracht. Die Öffnungszeiten stimmen in einer Kernzeit überein, zur Saisoneröffnung Ende August gibt es ein großes Fest mit sieben Vernissagen, außerdem ein spezielles Programm Anfang Juni während der Kunstmesse Art Basel.
Limmatstrasse 264-270
Di-Fr 12-18, Sa 11-16 Uhr

Schlanke Linie für die **Limmat**

1910 Der Ballon- und Luftfotografiepionier Eduard Spelterini fotografierte eine moderne Stadt mit lebhafter Bautätigkeit. Gustav Gull, einer der bedeutendsten Architekten der Schweizer Baugeschichte, errichtete gerade einen neuen Verwaltungskomplex. Das Amtshaus II **1** und die Urania-Sternwarte **2** stehen schon, wenig später baut Gull das Waisenhaus **3** zum Amtshaus I um. Gut sichtbar sind außerdem der 1871 neu gebaute Bahnhof **4**, auf den die Bahnhofstrasse **5** zuläuft, Straßenbahnen und die Gleise der Zürichbergbahn **6** (heute Polybahn). Der Kasten auf der Limmat, die Frauenbadeanstalt **7**, diente der Volkshygiene: Die meisten Wohnungen hatten noch kein Bad.

Schönere Beleuchtung, mehr Autos oder „freie Limmat" – Fast hundert Jahre lang, in der Zeit zwischen den beiden Aufnahmen, wurden in Zürich **Projekte geplant**, Pläne gezeichnet, Gebäude und Brücken gebaut oder auch abgerissen. Vieles aber blieb glücklicherweise erhalten

2007 | Unter heftigem politischen Streit wurde in den 1950er Jahren das Limmat-Gebiet radikal umgestaltet, mit bis heute augenfälligen Ergebnissen. Ein Flussabschnitt wurde zur Verkehrsbewältigung verschmälert **8**, das alte Globus-Warenhaus auf der – ehemaligen – Papierwerdinsel **9** wich einem als Provisorium gedachten Neubau **10**, der bis heute nicht abgerissen wurde. Die Bahnhofbrücke **11** wurde verbreitert, die Gebäude auf der Limmat verschwanden. Die von Gull entworfenen, nach 1910 fertig gestellten Amtshäuser III **12**, IV **13** und V **14** werden bis heute genutzt. Rechts unten sind die Altersheime Bürgerasyl-Pfrundhaus zu sehen **15**.

Kreativ: Professor Lino Guzzella in der Eidgenössischen Technischen Hochschule vor seinem Energiespar-Fahrzeug „PAC-Car II"

STADTGESICHTER UND GESCHICHTEN

Ein Ort lebt von den Menschen, die ihn gestalten. Der Mix aus ganz unterschiedlichen Typen und Charakteren ist es, der die Metropole macht

Texte: Martin Helg und Sacha Batthyany, Fotos: Anne Gabriel-Jürgens

LINO GUZZELLA, DER ENERGIEFORSCHER UND SEINE SCHOKOLADENTHEORIE

Des Professors täglich Brot ist Energie, aber manchmal ist es einfacher, von Schokolade zu reden. Man stelle sich vor: „Jeder von uns", sagt er, „verbrauchte täglich 200 Tafeln Schokolade. Vier davon reichen zum Leben, 196 sind Luxus." Es ist Montagmorgen, und Guzzellas Forschung ruht. Er hat Gymnasiasten zu Besuch, Berufswahlschüler. Einige tragen Wollmützen, einer einen Kopfhörer um den Hals, doch alle hängen an seinen Lippen.

Guzzella, 1957 in Zürich-Wiedikon geboren, lebt für den Fortschritt. Er studierte Maschinenbau, wurde 1999 Professor für Thermotronik an der Eidgenössischen Technischen Hochschule (ETH) in Zürich und 2004 Leiter des Instituts für Mess- und Regeltechnik. Dort tüftelt Guzzella an sparsamen Motoren. Zusammen mit Studenten hat er das PAC-Car II entwickelt – ein Fahrzeug, das mit einem Gramm Wasserstoff im Tank und einer 45 Kilo leichten Studentin am Steuerknüppel 20 Kilometer weit fahren kann. Rechnet man diesen Energieverbrauch auf Benzin um, so könnte die Studentin mit einem Liter 5385 Kilometer zurücklegen. Weltrekord!

Nun ist Guzzella zwar sparsam, aber kein Asket. Ein Gramm Wasserstoff in Ehren – an 200 Tafeln Schokolade findet er auch nichts Schlechtes. Das Problem mit den 196 überflüssigen Tafeln besteht darin, dass sie nur 1,5 von 7 Milliarden Menschen zu Verfügung stehen, obwohl die anderen 5,5 Milliarden den gleichen Appetit haben. Guzzella: „Inder und Chinesen wollen auch 200 Tafeln." Das scheint den Schülern einzuleuchten, aber jetzt wird es erst richtig ernst, denn Guzzella fährt fort: „Um in 50 Jahren allen ein angenehmes Leben zu garantieren, brauchen wir doppelt soviel Energie wie heute! Und dürfen weniger verbrauchen."

Guzzellas Gerechtigkeitsgefühl stammt aus der Kindheit. Seine Eltern waren Italiener, der Vater ein Nachfahr venetischer Weinbauern. Als Guzzella in den sechziger Jahren in Zürich-Wiedikon zur Schule ging, waren Gastarbeiterkinder Außenseiter. Aber seine Jugend als „Secondo", als Einwanderer der zweiten Generation, erzeugte auch Spannung, setzte etwas in ihm frei – ja was wohl? Energie.

„Alles ist Energie!", ruft der Professor. Doch leider sei auch fast alles Erdöl. „Doch das Erdöl reicht nur noch 100 Jahre, die Kohle vielleicht 200. Danach müssen wir auf eigenen Füßen stehn." Dieser simple Sachzwang hält Guzzella auf Trab. Wenn seine Kinder fragen, Papa, was treibst du so an deiner Hochschule?, kann er auf ein Auto weisen, das gerade vorbeifährt – mit seiner Software. Oder das erdgasbetriebene „Clean Engine Vehicle": Es hat eine niedrigere Stickoxidkonzentration im Abgas als in der angesaugten Umgebungsluft. Auch dank solchen Erfindungen ist die Luft in Zürich besser geworden.

Die Schüler horchen auf. Besser geworden? Die Luft? „Viel besser", sagt Guzzella, und da er die Gäste schon am Schlafittchen hat, führt er sie nun ins Labor, wo inmitten von Turbinen, Motoren und Katalysatoren das PAC-Car II steht, das sparsamste Fahrzeug der Welt. Sehr alltagstauglich sieht es nicht aus. Die 5385 Kilometer seien nur ein Fanal, erklärt Guzzella. Er halte es mit Antoine de Saint-Exupérys Ratschlag: „Wenn du ein Boot bauen willst, dann trommle nicht Arbeiter zusammen, um Holz zu sammeln, sondern wecke in ihnen die Sehnsucht nach dem Meer."

Die Sehnsucht ist da. Holz oder Geld waren auch nie Probleme. Wenn Lino Guzzella ein Problem hat, dann ist es der Mangel an guten Köpfen. „Das knappste aller Güter ist Intelligenz", stöhnt er und nimmt seine Gäste ins Gebet: „Studieren Sie irgendetwas an der ETH, egal was! Am besten aber ist, ihr macht alle Maschinenbau."

ROGER SCHAWINSKI, DER MEDIENMACHER, DER GERNE ANECKT

Da sitzt er nun, in seinem neuen Büro unweit des Zürichsees, die Sonne scheint, sein Kragen steht offen, das Telefon klingelt, die Sekretärin klopft an die Tür, und Roger Schawinski, braungebrannt wie immer, ruft freundlich, aber entschieden: „Jetzt nicht!" Fehlt nur noch, dass im Hintergrund der jamaikanische Reggaesänger Jimmy Cliff trällert, zuerst die Hammond-Orgel, dann die Bläser und dann: „You can get it if you really want, but you must try, try and try, try and try, you'll succeed at last." Du schaffst es, wenn du es wirklich willst und genug dafür tust. Es ist Schawinskis Leitgedanke. Es ist der Soundtrack seines Lebens.

Denn nach Sonne, See und Sekretärin sah es nicht immer aus. Aufgewachsen ist Roger Schawinski im Zürcher Arbeiterquartier Aussersihl, der Vater war Vertreter, die Mutter Hausfrau, das Geld stets knapp. Der junge Roger spielt lieber Fußball in Hinterhöfen, als dass er Französischvokabeln lernt, den Abschluss schafft er dennoch, mit viel Willen, „you can get it if you really want". Dann studiert er, der immer Journalist werden wollte, Wirtschaft in St. Gallen. Der Rest ist Schweizer Mediengeschichte.

Optimistisch: Roger Schawinski vor dem Tonstudio seines neuen Radiosenders

Es war Roger Schawinski, der das staatliche Medienmonopol durchbrach und 1983 nach langem Kampf die Lizenz für das erste Privatradio des Landes erhielt. Keine 15 Jahre später gründete er den ersten Privatfernsehsender der Schweiz. Nebenbei gab er ein Stadtmagazin heraus, versuchte sich als Filmproduzent und schrieb diverse Bücher, darunter: „Das Ego-Projekt. Lebenslust bis 100". Die Schweiz verließ er von 2003 bis 2006 und ging als Geschäftsführer von Sat.1 nach Berlin.

Wo er auftritt, zelebriert er dieses „Ich gegen alle"-Gefühl. Er eckt gern an, er schwärmt von seinen Erfolgen und Kontakten, er erzählt sie immer wieder, seine Joschka-Fischer-Geschichte, wie er ihm beim Joggen davonlief, seine Begegnungen mit Bill Clinton, Tina Turner. Die Prise Selbstverliebtheit nimmt ihm kaum jemand übel. Eitelkeit steht ihm gut.

Roger Schawinski, 62 Jahre alt, ist zum dritten Mal verheiratet, hat drei Kinder und läuft Marathon in dreieinhalb Stunden. Doch er wird sich denken: „Wenn ich wirklich will, dann schaffe ich es auch unter drei."

Herr Schawinski, Sie waren fast vier Jahre nicht hier. Sehen Sie Zürich heute mit anderen Augen?

„Bevor ich nach Deutschland ging, hatte ich immer das Gefühl, Zürich sei provinziell, aber das stimmt nicht, das ist nur ein Minderwertigkeitskomplex, den viele Schweizer haben. Zürich ist sehr international, sehr reich und gut organisiert. Und die Stadt hat ihren eigenen Charme: Wenn man vom Flughafen kommt, sieht man gleich den See und die Berge, ich meine, hey, wo sonst gibt es das?"

Kein aber?

„Natürlich, Zürich ist langsamer und ruhiger als eine 24-Stunden-Stadt wie Berlin. Zürich kann keine glamourösen Feste feiern, wo sich Politiker, Künstler, Journalisten treffen, hier bleibt jede Gruppe für sich. Das Gefühl, man müsse gut vernetzt sein, das kennt man hier nicht."

„Warum nicht?"

„Weil es allen so gut geht. Der Überlebenskampf ist weniger hart, das macht Zürich und das ganze Land ein wenig träge. Man muss sich nicht so recht Mühe geben, man wird bequem."

„Sie aber gründen, kaum dass Sie zurück sind, mit Radio 1 einen neuen Sender. Haben Sie Angst, man könnte Sie vergessen?"

„Angst vor der eigenen Bedeutungslosigkeit? Nein, ich will meine Ideen verwirklichen und Spaß haben. Schauen Sie, am Anfang war ein weißes Blatt Papier und die Vision eines neuen Radiosenders. Und heute sitzen junge Menschen in neuen Redaktionsräumen. Ist das nicht wunderbar?"

„Was, wenn es ein Misserfolg wird? Hören Sie dann auf oder geht es immer weiter?"

„Ich bin grundsätzlich Optimist. Daher weiß ich, dass ich auch aus Niederlagen lerne."

International: Anna Luif, Seconda mit ungarischen Wurzeln in ihrem tamilischen Lieblingsrestaurant

ANNA LUIF, DIE REGISSEURIN, DEREN HEIMAT DAS FILMEMACHEN IST

Über die Frage denkt sie lange nach: „Meine Heimat? Hm..." Anna Luif ist 1972 in Zürich geboren und besaß einen norwegischen Pass, bis sie 21 Jahre alt war, obwohl ihre Eltern aus Ungarn stammen. Die Frage nach der Heimat liegt also auf der Hand: Ungarn? Die Schweiz? „Ich bin keine Schweizerin, obwohl ich nie woanders lebte."

Secondos und Secondas nennt man hier jemanden wie Luif, „die Generation der Zweiten", die Töchter und Söhne von Einwandererfamilien. „Natürlich kenne ich diese Zerrissenheit, dieses Zwischendrin", sagt Luif. Wir sitzen in einem Café am Stadtrand, dessen Einrichtung sich seit 30 Jahren nicht verändert hat, die Kellnerinnen tragen gestärkte weiße Blusen, wer einen Milchkaffee will, der sagt: „Ä Schale bitte" und nicht: „Chan ich än Latte Macchiato ha?" Luif trinkt Tee. „Vielleicht klingt es ja kitschig, aber weder Ungarn noch die Schweiz ist meine Heimat, sondern das Filmemachen. Das ist meine Identität."

Bereits mit „Summertime" gelang der Regisseurin ein vielbeachteter Erfolg, ihr Kurzfilm über die erste Liebe eines 13-jährigen Mädchens ist zugleich ein präzises Porträt über die bleierne Leere Schweizer Vorstädte im Sommer, wo nichts passiert, wo Autos millimetergenau an ihrem Platz stehen, wo Unkraut zwischen Granitplatten sprießt, während Kondensstreifen am Himmel verblassen.

Sie selbst wuchs so auf, in Witikon am Zürcher Stadtrand. „Oft saß ich vor dem Fernseher und hatte das Gefühl, allen anderen geht's besser." Ihre Jugend bezeichnet sie als „ruhig und langweilig." „Nach außen war ich vorlaut", erzählt Luif, „innen drin schüchtern und unsicher", und als sie das sagt, ertappt man sich beim Gedanken, dass sie heute noch so wirkt, zumindest wenn sie über sich spricht. Dann fragt sie: „Gehen wir?"

Anna Luif ist auf der Suche nach geeigneten Drehorten für ihren neuen Film „Tamilische Hochzeit", der nächstes Jahr ins Kino kommen sollte. Der Film: Ein junger Tamile, der einer Frau in Sri Lanka versprochen wurde, verliebt sich in eine Deutsche, die in Zürich lebt, was ein Chaos zur Folge hat. „Eine typische Culture-Clash-Liebesgeschichte eben."

Fast 40000 Tamilen leben in der Schweiz, gemessen an der Gesamtbevölkerung mehr als irgendwo sonst in Europa, in Zürich gehören ihre kleinen Läden zum Straßenbild. „Die Sprache, das Essen, die Gerüche", sagt Luif, davon war sie schon immer fasziniert. „Ich bin ein großer Fan von indischen Filmen, drei Stunden weinen und tanzen, dazu all diese Farben." Seit vier Jahren schreibt sie am Drehbuch, natürlich hofft sie auf einen Erfolg, doch die Schweiz sei ein schwieriges Filmland: wenig Geld, wenig gute Schauspieler, und auf der Leinwand würden die Schweizer den eigenen Dialekt nicht mögen: „Er ist uns zu nah." Während andere Nationen stolz seien auf ihre Filme und ins Kino strömen, sei man hier weniger euphorisch. „Die Schweizer sind zu selbstkritisch."

Vielleicht wird das bei ihrem Film ja anders. Vielleicht braucht es eine Seconda mit ungarischen Wurzeln, mit norwegischem Pass und einer Vorliebe für Tamilen, die den Schweizern ihre Filme und Sprache näher bringt.

THOMAS SCHMID, DER HOTELDIREKTOR, DER DIE KRAWATTEN AUS DEM DOLDER VERBANNTE

„Grand Hotel Dolder", das war einmal. Heute thront am noblen Zürichberg „The Dolder Grand". Dass es Journalisten gibt, die das einfach nicht kapieren! „Es geht um Corporate Identity", erklärt Direktor Thomas Schmid. „Das Hotel beim alten Namen zu nennen ist wie in Rosa daherkommen, während alle andern Braun tragen."

Schmid ist ein langer Mann Anfang 40, die Stimme sanft, das kurze Haar sorgfältig frisiert. Die „rosa" Periode hat er noch miterlebt. Frisch angestellt, führte er das alte Dolder durch seine letzten Tage – eine distinguierte Dame Jahrgang 1899, deren Teint schon etwas blass wirkte unter dem vielen Puder. Aber was für eine Charmeuse sie doch war! In ihren Hallen verkehrten die reichsten und wichtigsten Menschen der Welt, Leute wie Winston Churchill, Thomas Mann oder Herbert von Karajan. Es war die Zeit, als die Portiers aussahen wie Löwen-Dompteure und das Gepäck der Gäste ungefragt ins Zimmer tragen ließen.

Mit solchen Gewissheiten ist es vorbei. Selbst ein Profi wie Schmid sieht einem Gast nicht sofort an, wie er begrüßt werden will. Dabei hat er das Dienstleisten im Blut. Als Kind war er Handlanger, wenn der Vater, ein Berner Tierarzt, auf Hausbesuch ging; ohne Murren hielt der Junge die Katze auf dem Tisch fest oder holte Salben aus dem Auto. Teil der Landkinder-Jugend war auch das eigene Pferd, der Springreiter Schmid kämpfte in der höchsten Kategorie. Zur Ausbildung ging er nach Lausanne, an die Hotelfachschule. Danach diente er von der Pike auf in Bad Ragaz, wobei er sich nebenbei einen Namen als Porsche-Fahrer machte, und arbeitete sich hoch bis ins Zürcher „Baur au Lac" und ins „Cipriani" in Venedig.

Smart: Direktor Thomas Schmid in einem Zimmer des neuen „Dolder Grand"

Über den Empfang von Gästen muss man Schmid also nichts erzählen. Eine Kasse programmieren kann er auch. Zudem ist er eine Art Trendscout. Die Lifestyle-Fibel „Wallpaper" ist Pflichtlektüre, für den Chef und seine engsten Mitarbeiter; dazu kommt eine Reisediplomatie, die ihn mit 50 Top-Hotels in Kontakt hält. Hier, bei den Konkurrenten, wittert Schmid Generaltrends. Nicht dass er etwa Ideen klauen würde – wenn ihm irgendwo ein Zahnglas gefällt, muss er es nicht gleich im Dolder haben. Nein, Schmid sammelt Eindrücke, die sich allmählich zu Erkenntnissen verfestigen. Plötzlich ist klar: Krawatten sind unzeitgemäss. Schmid beschließt, sie im neuen Dolder abzuschaffen, nur er selbst trägt noch eine.

Nun ist Thomas Schmid Herr über 400 Krawattenlose und einen Lifestyle-Palast. Als solchen darf man das umgebaute Hotel ruhig bezeichnen, denn zwischen dem „Grand Hotel Dolder" und „The Dolder Grand" liegt nichts Bescheideneres als der Versuch, eine urzürcherische, dem Zoo oder dem Opernhaus vergleichbare Institution um ein paar weitere Meter anzuheben und „die Stadt Zürich als solche einen Zacken interessanter zu machen". Allein die Baustelle ist in vier Jahren von 12000 Zaungästen besucht worden. Sie wollten sich nicht entgehen lassen, wie 440 Millionen Franken aus der Tasche des Investors Urs E. Schwarzenbach nach den Plänen des britischen Stararchitekten Norman Foster in Stein und Eisen flossen.

Seit Frühling 2008 steht alles bereit. Ein „City Resort" mit Ballsaal, Spa und Boutique. Die Fläche ist auf 40000 Quadratmeter verdoppelt worden; zwei rund geschwungene Flügel flankieren den schlossartigen Altbau, aus dem unverändert das charakteristische Türmchen ragt. Ins Hotel integriert sind zwei aus allerfeinsten Materialien komponierte Restaurants, und dass die Wände in den Duschen von Perlmutt glänzen, ist schon beinahe Ehrensache.

In den Genuss diese Luxus kommt man zum Mindestübernachtungspreis von 850 Franken. Die 400 Quadratmeter große „Maestro-Suite" im Turm kostet aber immerhin 14000 Franken. „In New York könnten wir 20000 Franken dafür verlangen", meint Schmid, doch Zürich – „das steht in jedem Survey" – zähle nun einmal nicht zu den Top-Reisedestinationen. Beirren lässt er sich dadurch nicht. „The Dolder Grand will zu den führenden Hotels der Welt gehören", sagt er feierlich – und eilt zum nächsten Termin.

So geht das sieben Tage die Woche. Sollte sich Schmid zwischendurch aus dem Hotel verabschieden, für eine Stunde Krafttraining vielleicht, hat er einen Notizblock dabei, in welchem er alles, was ihm noch nachträglich einfällt, festhält – erst danach fühlt er sich leicht und frei.

Wortgewaltig: Big Zis vor dem Club Helsinki in dem sie gerne Konzerte gibt

BIG ZIS, DIE RAPPERIN, DIE TEXTE SEZIERT WIE MEDIZINER LEICHEN

Sie war 16, da kam sie nach Zürich, ohne Geld und ohne Pläne, das war 1992, sie zog in die Wohlgroth hinter dem Bahnhof, in das, wie sie sagt, „größte besetzte Areal ganz Europas". Ein Teenager, aufgewachsen im beschaulichen Winterthur, auf der Suche nach mehr. Zürich war im Umbruch, die wenigen Clubs in der Innenstadt waren zu banal, man traf sich auf illegalen Partys oder in besetzten Häusern, wo alles nur für den Moment eingerichtet wurde und alles möglich schien. Man tanzte in finsteren Kellern, wo das Bier nie richtig kalt war und sich die Discokugel nur drehte, wenn man sie anschubste.

Franziska Schläpfers Geschichte spielt in diesem anderen Zürich, fern der funkelnden Bahnhofstrasse, fern der Uferpromenade, wo man gespritzten Weißwein unter weißen Sonnenschirmen trinkt. Als das Wohlgroth-Areal geräumt wurde, zog sie mit ihren Freunden von einem leerstehenden Haus ins nächste, bis die Polizei kam. Und die kam. „Wir besaßen wenig, doch wir brauchten nicht mehr, Matratzen vielleicht, Decken, Teller, Besteck, Dinge, die man in einem reichen Land wie der Schweiz auch auf der Straße findet." Es war Haltung, nie Notwendigkeit. „Wir waren nicht abgefuckt und kaputt, sondern kreativ und politisch, wir waren gegen Verschwendung und Konsum."

Nach zwei, drei Jahren als urbane Nomadin, ein bisschen Pippi Langstrumpf und viel Punk, als sie es leid war, ihre Matratze zusammenzurollen und wieder weiterzuziehen, kamen erste Zukunftsängste: „Und wie soll das jetzt weitergehen?" Sie versuchte sich als Bäuerin, lebte mit Kühen und Schweinen im Tessin, ließ sich als Zimmerin ausbilden, verdiente wenig Geld und baute Dachstöcke um. Ihr war, als ob sie auf einem Berg säße: „Ich schaute zu, wie die Welt untergeht."

Doch die ging nicht unter. Franziska, noch immer auf der Suche, rutschte in die Zürcher Rapszene. Sie tanzten, sprayten, reimten und sangen und aus Franziska Schläpfer wurde eine Kunstfigur, Big Zis (www.bigzis.com), die mit den spitzen Reimen. Sie mischte Disco, Punk und Hip-Hop-Beats, sie irritierte und ironisierte – und wurde über Nacht stadtbekannt. „Keini So" hieß ihr erstes Album 2002, keine so wie sie, entschied auch die Stadt Zürich und verlieh ihr einen Förderpreis. Vor Jahren hatte man sie noch aus den Häusern gejagt.

Heute ist Big Zis die bekannteste Rapperin der Stadt, Liebling der Kritiker, weil ihre Musik kräftig ist und kracht, ohne dass sie dafür Muskeln braucht. Neben den Konzerten holte sie sämtliche Schulen nach, die sie in ihrer Jugend verpasst hatte, und liest Bücher von John Locke und David Hume für ihr Philosophiestudium an der Universität Zürich. „Ich mag es, Texte zu analysieren und zu sezieren, wie eine Medizinstudentin Leichen."

Um sich das Studium zu finanzieren, arbeitet sie in Teilzeit in einem Kino, sitzt am Empfang eines Werbebüros und nimmt Telefonate bei einem asiatischen Schnellimbiss entgegen. Dabei denkt sie womöglich an John Lockes Erkenntnistheorie, hat Reime im Kopf und einen Beat im Bauch.

Elegant: Laurence Antiglio in ihrer Boutique „Vestibule"

LAURENCE ANTIGLIO, DIE MODEDESIGNERIN, DIE ZÜRICHS FRAUEN MUT MACHT

Zürcherinnen sind nüchterner als Pariserinnen. Sie sind protestantischer als Mailänderinnen, ernsthafter als Londonerinnen und zurückhaltender als New Yorkerinnen. „Die Absätze ihrer Schuhe dürfen nie allzu hoch sein", sagt Laurence Antiglio mit leisem Bedauern. Dass Zürcherinnen und Zürcher demnächst die Welt der Mode revolutionieren, ist eher nicht zu erwarten.

Trotzdem liebt Laurence Antiglio Zürich. Sie ist im sinnlicheren (da katholischen) Kanton Freiburg aufgewachsen, hat in Paris das „Institut Français de la Mode" besucht und im Modehaus „Le Printemps" gearbeitet, bevor sie in Zürich ihre Boutique „Vestibule" an der Spiegelgasse eröffnete, um ihre frohe Mode-Botschaft unter ein Volk von Tiefstaplern zu bringen. Dabei ist höchste Behutsamkeit gefragt! Verglichen mit Pariserinnen sind Zürichs Frauen Hasenfüße. Zu Spontankäufen lassen sie sich selten hinreißen, alles muss vernünftig, muss bequem sein. Antiglio ist klug genug, nicht mit der Tür ins Haus zu fallen. Die Schuhe, die sie trägt, sind schick, aber schlicht, ihre Strickjacke fast bieder. Nur der Onyx an ihrem Hals blitzt frech. Auch der Name „Vestibule" (Vorplatz, Vorhof, Vorhalle) deutet an, dass in der Boutique nichts überstürzt wird.

Kundinnen, die die luftig-weißen, stuckverzierten Räume betreten, sollen sich sich erst einmal frühlingshaft umfangen fühlen. Die Hausherrin reicht Tee. Von der Auslage grüßen eine Holzente und eine Art Osterhase aus Kunststoff; Spielereien, die Schwellenängste mildern. „Der Hase kann mit den Ohren wackeln und E-Mails vorlesen. Seinetwegen kommen auch viele Männer hierher", sagt Antiglio und lacht aus großen Augen.

Das Stil-Problem der Zürcher Männer – eine Spur zu schäbige Jacken, zu billige Anzüge – ist damit zwar nicht gelöst, aber mit Anstand verschoben. Sind die Herren einmal ins Studium des Hasen oder der Kreditkarten-Etuis in der „Männer-Ecke" vertieft, kann sich Antiglio in Ruhe den Frauen und ihrer aufkeimenden Lust an der Mode widmen. „Ich erlebe Zürcherinnen offener, als man sie sich vielleicht vorstellen kann", sagt sie.

Zur Wahl stehen Trouvaillen aus Paris und New York, Trendmarken, die man an der protzigen Bahnhofstrasse kaum findet. Farben und Formen zitieren Stil-Geschichte. Goldene Zwanzigerjahre, blumenselige Siebziger: Hier werden Traditionslinien in die Zukunft verlängert. Etwas Ahnungsvolles liegt in der Luft, Hände greifen nach Bügeln, prüfen Oberflächen; zögern. Das ist der Moment, in dem Antiglio eingreift. Genau: Mehr Mut wäre gut! Mut zu Kleidern, die auch einmal etwas verdeutlichen – statt immer alles herunterzuspielen. So zaubert sie Stücke hervor, die auch scheuen Rehen Charakter verleihen. Die Zürcherinnen lassen sich's gefallen. Laurence Antiglios Kundschaft wächst. Auch die Stilsicherheit der Kundinnen nimmt zu, ihre Entschlussfreudigkeit. Kurz vor Ladenschluss ist auch die zögerlichste Kundin soweit und steht frisch gewandet vor dem Spiegel. Glücklich der Mann, der in diesem Moment von seinem Hasenspielzeug auf- und zu seiner Begleiterin schaut – ihm brandet eine Charme-Welle entgegen. Soll noch ein Zürcher behaupten, Mode sei oberflächlich! □

Martin Helg *und* **Sacha Batthyany** *arbeiten als Redakteure für die* NZZ am Sonntag.
Anne Gabriel-Jürgens, *Fotografin, lebt in Hamburg und erkundet gerade ihren neuen Zweitwohnsitz Zürich.*

Plüschig, aber up to date: Während der Zuschauersaal in schönstem Neobarock rotsamtig schimmert und golden glänzt, bestimmt modernste Technik das Bühnenbild

Ganz große Oper

Das Haus am Zürichsee gilt als charmanteste Premierenschleuder der Branche. An **270 bis 280 Abenden** im Jahr verzaubern die großen Stars der Opernwelt ein anspruchsvolles Publikum. Rund 600 Mitarbeiter sorgen dafür, dass die Musiktheater-Maschine rundläuft

Text: Thomas Gebhardt
Fotos: Philip Koschel

Affentheater: Für die Produktion „Clari“ modellieren und schnitzen die Theaterplastiker ein riesiges Gorillamodell aus Styropor

An 7 Tagen 5 Vorstellungen:
Der Spielplan stellt Theaterplastiker, Bühnenbildner und Requisiteure vor immer neue Herausforderungen

Sauerei: Andreas Gatzka, Leiter der Theaterplastik, posiert mit seinem Schweinemodell für eine Nitsch-Inszenierung

Hier kommt Farbe ins Musikspiel: Andreas Diethelm. Leiter der Theatermalerei, gestaltet gigantische Fassaden und kleinste Details

Gute Laune: Kurz vor einer Probe zu „Così fan tutte“ macht Tenor Pavol Breslik der Mezzosopranistin Judith Schmid einen nicht ganz ernst gemeinten Heiratsantrag

Und noch 'ne Ferkelei: Theaterplastikerin Manuela Langer beim Modellieren eines Schweins für die „Clari“-Produktion

Beat Marti weiß, was zieht. „Ob ‚Tosca', ‚Zauberflöte' oder ‚Nabucco' – die muss man jede Saison bringen. Das sind die Reißer!", sagt er und weist den Weg durch ein gutes Dutzend parallele Regalgassen. Vorbei an einem Pferd von trojanischen Ausmaßen, einer Wespe mit stechendem Blick – für die Bühne auf Ferkelgröße getrimmt– an einer dreistöckigen Torte, an Containern mit nicht brennbarem Brennholz.

Die Kulissen der Oper ruhen nach Inszenierungen getrennt auf offenen Wagen, sind bis unters Dach aufgetürmt. Dort „Der fliegende Holländer", da „Don Quichotte", hier der „Ring" von Robert Wilson. Er sei mit mehr als 50 Wagen die größte Produktion, so Marti, Chef des Hochregallagers der Zürcher Oper. In einem Regal sind jeweils neun Wagen hinter-, je zwei neben- und drei übereinander deponiert, bis die Stücke wieder auf dem Spielplan stehen. 54 Wagen in einem Regal, und jeder hat die gleichen Maße: 7,20 mal 2,00 mal 2,40 Meter. Länge, Breite, Höhe. Es sind die magischen Zahlen der Zürcher Oper; die Zauberformel, die entscheidet über „Passt schon!" oder „Geht nicht!"

Jeder hat sie im Kopf: Marti natürlich, die Handwerker, die Werkstattleiter und Bühnenmeister. Aber auch Matthias von Bausznern, zuständig für Sponsorenpflege, oder auch Grischa Asagaroff, gefragter Regisseur, Duzfreund der Gesangstars auf allen Kontinenten und künstlerischer Betriebsdirektor der Zürcher Oper, und nicht zuletzt Alexander Pereira, einer der erfolgreichsten Intendanten der Welt.

Länge mal Breite mal Höhe; die Formel beschreibt das Fassungsvermögen des Bühnenlifts. Der Lift gibt die Größe der Kulissenmodule vor, ist das Nadelöhr der Oper und mitbestimmend für die Dauer des Bühnenumbaus, des Auf- und Abbaus. Ständig sind einige der fast 700 Kulissenwagen zwischen den Lagerhäusern am Stadtrand und der Oper unterwegs. Einmal quer durch Zürich, von Suburbia eine Dreiviertelstunde ins Opernhaus am Ostufer des Zürichsees. Wie bei einem Wanderzirkus, der soeben neu in die Stadt gekommen ist.

Mehr als 100 Inszenierungen verwahrt Beat Marti in seiner Zauberwelt, dic Kulissen der Publikumsrenner nimmt er mehrmals im Jahr auf die Gabel seines Spezialstaplers. Die Säulen für „Tosca", die Stellwände für die „Zauberflöte", die auf der Drehbühne ein labyrinthisches Raumensemble erschaffen, oder die düsteren Gebäude, mit denen „Aida" in Zürich auf die Bühne kommt. Ein ewiges Hin und Her, Rein, Raus, Auf und Ab.

Es ist Ende Januar. Eine ganz normale Woche im Opernhaus Zürich. Sieben Tage – fünf Vorstellungen. Darunter eine komische Oper von Mozart, eine Grand Opéra, ein Ballett und am Sonntag die Premiere von „Im Schatten des Maulbeerbaums", einer Oper des 35-jährigen Komponisten Edward Rushton, eine Welturaufführung. Dazu allerlei Begleitmusik, von einem „Figaro"-Abend für Sponsoren bis zu einer Liedmatinee. Alltag in der Zürcher Oper. Nicht nur, dass sie in einer Liga mit der Metropolitan Opera in

Fast **700 Kulissenwagen** sind zwischen Lagerhäusern und Oper unterwegs: ein moderner Wanderzirkus

Flachgelegt: Lucas Baumberger, Auszubildender in der Theatermalerei verschönert ein Dekorationsdetail für „Die Fledermaus"

Transferservice: Das Haar ist der Star bci dcr Perückenfertigung – es ist echt und wird meist aus China importiert

Blutgrätsche: Hart ist das Training im Ballettsaal – wer ein Schwa

Materialschlacht: Rund **350 Requisiten** kommen allein in der Oper „Im Schatten des Maulbeerbaums" zum Einsatz

New York, der Mailänder Scala oder dem Royal Opera House in London spielt. Das Opernhaus Zürich hat sich einen Namen auch damit gemacht, bei 15 bis 18 Neuaufnahmen je Saison Premiere an Premiere zu reihen. Das entspricht ungefähr der Premierenanzahl aller drei Berliner Opernhäuser zusammen. Manche Kritiker nennen die Zürcher Oper deshalb auch gern die „charmanteste Premierenschleuder der Musiktheaterwelt".

„Übers Jahr gesehen muss jeder zweite Abend neu sein", sagt Opernintendant Alexander Pereira mit seinem samtweichen Wiener Akzent und macht dann eine schweizerharte Rechnung auf. Zürich hat 345 000 Einwohner, der Kanton gerade dreieinhalbmal so viele. Da muss er das Publikum möglichst oft ins Haus kriegen, um nicht vor halb leeren Rängen zu spielen. Künstlerisch überzeugend und ökonomisch erfolgreich – so könnte man die Intendanz Pereiras auf eine Kurzformel bringen. Von rund 130 Millionen Franken, die das Opernhaus pro Jahr kostet, stammt nur gut die Hälfte aus Subventionstöpfen. Der große Rest wird vom Haus selbst erwirtschaftet. 16 bis 380 Franken kostet ein Billett, Studenten bekommen ermäßigte Preise. Zudem gibt es regelmäßig preiswertere, weil firmengesponserte „Volksvorstellungen".

40 bis 45 Inszenierungen kommen je Saison auf die Bühne. Kein Stück wird in einer Spielzeit mehr als siebenmal gegeben, en suite schon gar nicht, um selbst große Erfolge nicht durch Wiederholungsroutine zu gefährden. „Wer eine Woche in Zürich ist", sagt Pereira, „kann an vier, fünf Tagen in die Oper gehen und immer wieder Neues und Besonderes erleben." Und das in einer Intimität, wie sie an der Scala oder der Met unmöglich wäre: Unter den bedeutendsten Opernhäusern der Welt ist das Zürcher das kleinste. Mit 1100 Plätzen den Bühnen in Basel, Dessau oder Wiesbaden vergleichbar.

„Die Gefahr, dass sich Distanz einschleicht, besteht bei uns nicht", betont Pereira. Die Besucher sitzen den Musikern Aug' in Auge gegenüber, haben Tuchfühlung zu Sängern und Dirigenten. Stars wie Martina Janková, Jonas Kaufmann, Isabel Rey, oder Javier Camarena waren hier schon in den Anfangsjahren ihrer Karriere zu erleben, ebenso „La Bartoli", wie die Mezzosopranistin Cecilia Bartoli längst genannt wird. Schon seit einiger Zeit tritt sie nur noch konzertant auf – außer bei Intendant Pereira, der 1991 von der Wiener Konzerthausgesellschaft ans Zürcher Opernhaus wechselte. An 270 bis 280 Abenden wird Zürich zur Opernstadt.

Dahinter steckt eine gewaltige Logistik. Technisch, handwerklich, organisatorisch, musikalisch; vom Beschaffen der Requisiten über das Aufstellen des Proben- und Spielplans bis zum Abstimmen der Inszenierungen mit den Terminkalendern der Stars. Das Entstehen der Kostüme, Perücken und Kulissen ist ein aufwändiger, über zahllose kleine Schritte zur Vollendung führender Akt. Mitunter wunderbar antiquiert; dann wieder hochtechnisiert. Abläufe werden am Computer programmiert, ebenso ist Handwerkskunst gefragt, ausgetüftelt von einfallsstarken Feinmechanikern, die Monate vor einer Inszenierung mit der Arbeit beginnen. Manche in Berufen, die nur hier überlebt haben oder nur hier existieren. Im Biotop Oper.

Um zu illustrieren, was seinen Beruf ausmacht, mit welchen Wünschen Bühnenbildner oder Regisseure zu ihm kommen, schnappt Anton Thoma eine hellblaue Serviette und sagt: „Wir hätten gern diese Serviette, 20-mal!" – „Nein, nicht irgendein Blau, wir wollen genau dieses Blau! Blau wie der Morgenhimmel über dem Zürichsee! Und etwas steifer soll sie sein als normale Servietten. Also nicht so labberig wie diese! 20-mal, bis heut' Nachmittag!"

Der 48-jährige Requisiteur lacht breit, ein wunderbares „Das wäre doch gelacht, wenn wir das nicht schaffen" – Lachen, während er das vorführt. Thoma sorgt für Mündungsfeuer, Ne-

sein will, muss erstmal leiden

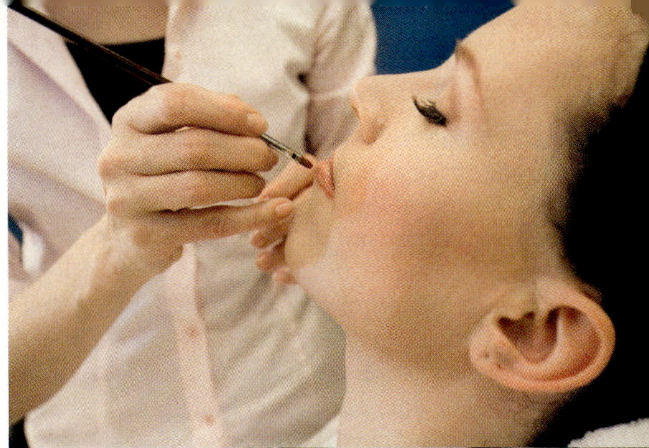

Doppelpass: Ein perfekt gesungenes Damensolo ohne perfekte Maske wäre eben keine perfekte Oper

Ausgewechselt: Im Kostümfundus warten Hunderte von Masken, Kleidern und Requisiten auf ihren nächsten Auftritt

bel, Schnee und Blut und vieles mehr. Einige der eindrucksvollsten Effekte lassen sich mit recht geringem Aufwand umsetzen, erzählt er. Manch kleiner „Puff", der im Geschehen auf der Bühne oft untergeht, braucht dagegen in der Vorbereitung ewig.

Die Requisite ist direkt neben der Bühne untergekommen, dicht am Geschehen, schließlich muss sie sämtliche Accessoires für die Künstler bereitstellen, alles Klein-Interieur, Bei- und Naschwerk, die gesamte Deko in die Kulissen drapieren. Für die „Maulbeerbaum"-Premiere etwa besorgte die sechsköpfige Abteilung gut 350 Requisiten. Vom Schmetterlingsnetz bis zu einer „Proseccoflasche mit Schorle, halb gefüllt, ohne Kohlensäure". Endlose Listen sind da abzuarbeiten. Jedes Ding braucht einen Zuständigen. Vor jeder Probe und Vorstellung wird jemand Pyropapier für Kücheneffekte platzieren, ein anderer losziehen, um „3 Becher Milchreis Vanille" zu kaufen.

Das Schweizer Fernsehen berichtete einmal eine Woche lang täglich aus der Zürcher Oper, jeweils ein paar Minuten und zwar ausschließlich backstage. Das war so erfolgreich, dass sich SF1 und SF2 im Frühjahr 2007 zusammentaten: Ein Sender brachte die neue Zürcher „Zauberflöte" mit Nikolaus Harnoncourt am Pult live aus dem Opernhaus, der andere ging bereits anderthalb Stunden früher auf Sendung und zeigte das Geschehen hinter den Kulissen vor, während und nach der Vorstellung. So hatten die Zuschauer die Möglichkeit, sich für den Blick auf die Bühne oder dahinter zu entscheiden. Opernzapping – das kam an, auch bei Zürchern, die nicht zu den Opern-Stammgästen gehören.

Nach einigen Tagen fragt sich der Backstage-Besucher: Wird die große Oper nun vor oder hinter den Kulissen gegeben? Oder bietet Zürich einfach nur große Oper bis in den letzten Winkel des Hauses? Gerade mal 600 Mitarbeiter hat das Opernhaus. Das ist wenig für ein Zweisparten-Musiktheater mit einer solch großen Zahl an Premieren und Inszenierungen. Große Oper: Da wäre die Maskenbildnerin, die einen Monat an der zweiteiligen Perücke für die Infantin in Jules Massenets Oper „Le Cid" arbeitet und dem kunstvollen Kopfschmuck das Aussehen eines Fächers gibt. Da sind die Theatermaler, die aus Kulissenwänden Illusionswelten schaffen. Da ist die Präzision der Probenarbeit des Junior-Balletts von Heinz Spoerli, einem der besten Choreographen im weltweiten Corps de Ballet. „Tanzmacher" nennt er sich selbst, weil er seine Werke aus allem schöpft, was ihm begegnet, und Vielbeachtetes wie „Peer Gynt" oder „In den Winden im Nichts" kreiert. Aber trotz großer Erfolge investiert Spoerli neben der Arbeit mit seinem Ballett viel Mühe und Geld in die Arbeit mit der Jugend, zeigt in einem der Ballettsäle höchstselbst die Schrittfolgen und deutet, wiewohl altersgerecht beleibt, Sprünge an. Mit Sinn für den langen Atem. „Ein schlechtes Ballett von guten Tänzern getanzt kann man sich ansehen", sagt der 67-Jährige, „andersrum geht das nicht."

Hinter der Feuertür in der dritten Etage des Werkstattgebäudes, zwei Querstraßen von der Oper entfernt, gibt es weder Szenenapplaus noch Bravo-Rufe. Dabei haben Andreas

Gatzka und sein siebenköpfiges Team für die nächsten Neuaufnahmen bereits gut vorgelegt. Seit zwei Wochen sind sie schon mit den Kulissen für „Die Fledermaus" beschäftigt, die Ende März Premiere haben wird. Ein Haus mit Dach, begehbarem Balkon, vielem Fassadenschmuck und einer reich verzierten Tür entsteht in drei Teilen. Allein für die Haus-Bausteine werden später drei Kulissenwagen benötigt. Parallel laufen Arbeiten für „Boris Godunow" und für „Genoveva", da ist eine Forelle abzuformen. In Lebensgröße, regenbogenschillernd und beweglich wie eben aus dem Bach gezogen. Eine Arbeit von Wochen.

Früher hieß es im Theater: „Das vertanzt sich!", wenn man bei Kostümen, Requisiten oder Kulissen aus Zeitgründen oder finanzieller Zurückhaltung mit heißer Nadel strickte oder qualitativ mal ein Auge zudrückte, da das Publikum ohnehin nur auf die Hauptakteure schaute und im Opernglas den Heldentenor scharf stellte. In Zeiten von Fernsehen und DVD ist das ganz anders. Da wird rangezoomt, die Kamera fixiert Details der Requisite oder fährt langsam den Chor ab. 70 Sänger in Großeinstellung, 70 mal Maske, 70 mal Kostüm, 70 mal Hut.

Für Goethe habe er seinerzeit ein Schwein aus Silikon abgeformt, sagt Andreas Gatzka und meint die „Szenen aus Goethes Faust" von Robert Schumann, in Zürich vom Aktionskünstler Hermann Nitsch inszeniert, der für blutrünstige Tierschlachtungen bekannt ist. Drei Monate Arbeit für drei Leute waren das, die kommen dem 45-Jährigen heute bei der Forelle zugute. Probiert hat er seinerzeit zunächst an einem Ferkel, erst nach der Fehleranalyse ließ er für ein paar Stunden eine tote Sau aus dem Schlachthaus kommen. Von einem Negativabdruck nahm er einen positiven, dann wieder einen negativen. Darm, Leber, Lunge, Herz und all die anderen Innereien hat er doppelt, teilweise dreifach hergestellt. Das Schwein musste für jede Vorstellung erneut befüllt werden – mit all den schwabbeligen Innereien, dem Theaterblut aus der Requisite, das dann auf die Bühne sabberte. Das Fleischermesser wurde unsichtbar auf der Silikon-Bauchseite eingehängt, und ratsch! Eine Besucherin erbrach sich bei der Premiere, andere rannten raus. Kein Kritiker ließ Gatzkas Sau unerwähnt, später wurde sie im Foyer ausgestellt.

Das Handwerk hat sich verändert binnen weniger Jahrzehnte. Arbeitete die Zunft vor gar nicht allzu langer Zeit noch mit Pappmaché, Knochenleim und dünnem Sperrholz, so ist sie heute bei Aluminium, bei Styropor, Gummi und Silikon gelandet. Bestanden Kulissen noch vor wenigen Jahrzehnten einfach aus bemalten Aufstellern, so müssen bei Gebäuden heute oft alle Etagen begehbar sein. Die Aufführungen werden aufwändiger. Von den Zürcher „Zauberflöten"-Inszenierungen passte die vorvorletzte noch auf fünf Wagen, die darauffolgende brauchte schon neun, die jetzige kommt gerade eben mit elf Wagen aus.

Noch nicht mal Halbzeit, aber schon sieben Premieren in dieser Saison. Und neun stehen noch ins Haus. Das heißt auch Bühnenbilder im Akkord. Kostüme – also Haute Couture – im Maschinentakt, Perücken aller Farbtöne und Längen, Glatzen in beherztem Faltenwurf. Weder gibt es Bühnenbilder im Baumarkt, noch die Haarmode vergangener Jahrhunderte im Künstlerbedarf. Die Theaterplastik oder die Theaterschlosserei können nicht alles schaffen, ein Drittel der Arbeiten wird rausgegeben. Nach Tschechien, Rumänien, Italien, China – das Grobe entsteht oft auf dem Markt der Globalisierung; alles Filigrane, Feinmotorische, Künstlerische, in den Zürcher Opernwerkstätten.

Matthias von Bausznern kennt die Wirkung, weiß, dass ein Opernhaus-Rundgang das Gesamtkunstwerk offenbart. 9000 bis 10000 Interessierte führt der Cellist und Musikmanager aus einer Komponistenfamilie pro Saison durch das Opernhaus. Für ihn gibt es dabei zwei Spezies, die Opernliebhaber und jene, bei denen es zunächst gilt, Schwellenängste abzubauen. Sowohl die einen wie auch die anderen kriegt er bereits im Treppenhaus des Werkstattgebäudes: „‚Aida'. Kam nicht so an, aber ich mochte es! Oder: ‚La Traviata'. Das spielen wir immer noch." Das Treppenhaus ist Gedächtnis und Showroom zugleich, es atmet kalten Zigarettenrauch, eine flüchtige Note Lösungsmitteldunst und jede Menge Bühnenluft. Opernplakate – Kunstwerke allesamt – bedecken die Wände auf allen Etagen, die von Bausznern launig kommentiert. „‚Il Trionfo del Tempo e del Disinganno', ‚Der Triumph von Zeit und Wahrheit.' Haben Sie das gesehen? Eine der besten Inszenierungen, die wir hatten. Ein Highlight. Eigentlich ist es ja ein Ora-

Öfter mal was Neues: 15 bis 18 Premieren kommen in jeder Saison auf die Zürcher Opernbühne

Nie kopflos: Kostümdirektorin Dorothea Nicolai mit Maske aus der „Fledermaus"

Applaus: Intendant Alexander Pereiras Konzept ist auch ökonomisch erfolgreich

Klein aber fein: Das Haus am Zürichsee hat nur 1100 Plätze, qualitativ spielt man trotzdem mit Mailand und New York in der Opern-Champions League

Eine Frage des Geldes: Rund **130 Millionen Franken** werden fast zur Hälfte selbst erwirtschaftet

torium. Aber es war toll!“ Und kurz darauf: „‚Der Opernball‘ von Heuberger. Na ja, schön viel Plüsch, war aber auch nicht so der Renner.“

Schon ist der 53-Jährige mittendrin und lässt die Besucher zur Gemeinschaft werden, wie beim Fußball oder Eishockey. „Einblicke in eine andere Daseinsform geben“, nennt er seine Arbeit und will das durchaus wechselseitig verstanden wissen. Sponsorenpflege ist sein „Kerngeschäft“. Das heißt Geburtstagsfeiern für Sponsoren ausrichten, Essen für Sponsoren auf der Opernbühne organisieren, durch Gala-Abende für Sponsoren führen, „Figaro“ in eine Stunde gepfercht.

Von Bausznern weiß, dass jede Entscheidung der Geldgeber fürs Sponsoring begründet sein muss. „Weshalb Oper? Warum nicht Segelsport oder Boxen?“ Das heißt für von Bausznern, er muss den Sponsoren immer wieder das Gefühl geben, sie hätten sich richtig entschieden. Auch deshalb nimmt er „bei aller gebotenen Diplomatie auch Enttäuschungen vorweg. Um das manchmal Unvermeidliche abzumildern.“ Bei seinen Operneinführungen hören Sponsoren schon mal, dass „uns die Inszenierung durchaus um die Ohren fliegen kann. Bei Nitsch darf niemand Rokoko erwarten“, sagt von Bausznern und weiß, wovon er spricht.

„Im Schatten des Maulbeerbaums“, die Oper von Edward Rushton und seiner Librettistin Dagny Gioulami, sieht sich großen Erwartungen gegenüber. Der junge Komponist gewann vor einigen Jahren den Wettbewerb „Teatro minimo“ und inszenierte in Zürich mit viel Erfolg das Auftragswerk „Harley“. Hinter der Bühne werden Kulissen aus dem Lager angeliefert. Die Redakteure der *Neuen Zürcher Zeitung* im Haus vis-à-vis, die Spaziergänger am Seeufer sind diesen Anblick längst gewohnt. Die Zürcher kennen die quietschroten, chromglänzenden Pick-ups, die mit ihren voll gepackten Kulissenwagen auffallen wie ein Maybach bei einer Offroad-Rallye. Ein paar Touristen bleiben stehen und staunen über die Kulissen: ein Haus wohl, mit Sat-Schüssel und allem Drum und Dran, wird hier, in Teile zerlegt, gebracht. „Opernhaus Zürich fährt Dodge Trucks by Calonder“, steht auf den Zugmaschinen, dahinter gehängt 7,20 × 2,00 × 2,40 Meter. Dazu die Nummer der „Billettkasse Tel. 044/268 66 66“. Eine Einladung könnte nicht präziser formuliert sein.

Drei vor acht! Kein Läuten, kein erstes, kein zweites, kein drittes – stattdessen klingelt laut ein Handy. Dreimal, kurz hintereinander. Mitten ins Stimmengewirr, mitten in die großen Erwartungen stößt das Klingeln. Wie es wohl sein wird – diesmal? Dann eine Stimme, als hätte jemand den Lautsprecher auf Saal-Lautstärke gestellt: „Meine Damen und Herren, dürfen wir Sie bitten, ihre Mobiltelefone abzustellen? Das Opernhaus Zürich wünscht Ihnen und den Künstlern toi, toi, toi für einen schönen Abend.“ Wohl jeder Zürcher kennt die charismatische Stimme mit dem schmelzenden Idiom des Nachbarlands. Nicht ein Handy schreit hernach noch ins Spiel.

Am Ende stehen sie alle Arm in Arm auf der Bühne. Das Ensemble, die Regisseurin, der Komponist, die Librettistin. Ein begeistertes Publikum bleibt zurück, lang und dankbar ist der Schlussapplaus. □

Thomas Gebhardt, *Autor aus Hamburg, war beeindruckt, wie sehr sich alle Mitarbeiter mit der Oper identifizieren.*
Philip Koschel, *Fotograf aus Berlin, möchte nach seiner Backstage-Arbeit jetzt als Zuschauer eine Oper genießen.*

MERIAN | TIPP Opernhaus

Das Opernhaus Zürich ist eine Qualitätsmarke wie Schweizer Uhren, das Programm ist bunt und vielfältig, das Ensemble handverlesen, die internationalen Stars kommen oft – weil gern –, und **das Opernorchester gehört zu den besten der Welt. Die aktuellen Spielpläne sind** auf der Website www.opernhaus.ch im Voraus veröffentlicht. **Auch wer Zürich mit Kindern besucht, kann durchaus einen Opernbesuch einplanen,** wenn er die Angebote an den Nachwuchs im Auge hat. Die „zauberflöte für kinder“, eine gestraffte Version der Mozart-Oper, in der Papageno zu einer Art Conférencier mutiert, avanciert bereits zum Klassiker.

Billettkasse des Opernhauses
(D 7) Falkenstrasse 1
(rechts vom Haupteingang, Eingang Bernhard-Theater)
Öffnungszeiten: Mo-Sa ab 11 Uhr bis Vorstellungsbeginn, an Tagen ohne Vorstellung bis 18 Uhr
Kartentelefon (Mo-Sa 11.30-18 Uhr)
Tel. 044 268 66 66
www.opernhaus.ch

WERDEN SIE JETZT MERIAN-ABONNENT!

GRATIS ZUR WAHL!

MERIAN Reise-Trolley
Ein hochwertiger Trolley in exklusivem Design mit leise laufenden Rollen und einer aufwändigen Innenausstattung

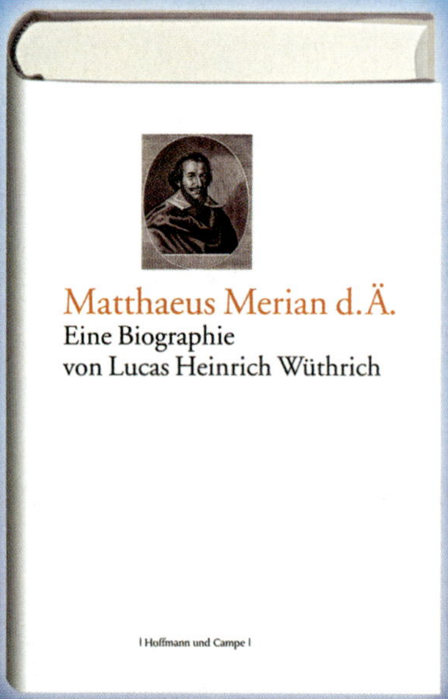

MERIAN Reisewecker
Moderner analoger Reisewecker mit integrierter Sekunden- und Weckzeitanzeige, verchromtem Metallgehäuse und dunkelblauer Lederhülle. Alarm- und Schlummerfunktion

Matthaeus Merian d.Ä.
Eine Biographie
Die erste umfassende Biographie des sagenhaften Städtezeichners und Namenspatrons des MERIAN-Magazins. Merian war über seine Profession als Kupferstecher hinaus ein Universalgelehrter, der sich mit Vorliebe auch der Medizin, Alchemie und Religion widmete. Hardcover 428 Seiten im Schuber

MERIAN | live! | classic | guide | kompass | scout

WEITERE GESCHENKE UNTER WWW.MERIAN.DE

Dschungelfieber

Der Zürcher Zoo ist die meistbesuchte touristische Attraktion der Schweiz. Star des Tierparks ist die Masoala-Regenwaldhalle, eine Kopie des bedrohten Urwalds auf Madagaskar

Text: Jutta von Campenhausen

Wie in einem riesigen Gewächshaus sprießen seltene Urwaldpflanzen in der Masoala-Regenwaldhalle im Zürcher Zoo. Sorgfältig geplante Durchblicke öffnen dem Besucher immer neue Perspektiven

Foto: Arthur F. Selbach

1

2

1 Bunter Bursche: Die Pantherchamäleons in der Masoala-Halle haben 2007 erstmals Junge gekriegt 2 Erste Reihe: Vom Restaurant aus lassen sich Fauna und Flora durch eine riesige Fensterfront betrachten 3 Plastik-Himmel: Über Stahlträger gespannt, überdachen vier Lagen einer nur 0,2 Millimeter starken Folie 11 000 Quadratmeter Regenwald mitten in Zürich

3

Schwere Tropfen prasseln auf die Panzer der Riesenschildkröten, Sturzbäche rinnen von den mächtigen Blättern der Elefantenohrpflanzen. Die Nasen der kopfunter hängenden Flughunde triefen, und im Baumwipfel schüttelt ein Seidenkuckuck genüsslich sein Gefieder unter der Morgendusche. Tierpfleger Thomas Zellweger steht mit einem kleinen blauen Regenschirm unter einem Ebenholzbaum und beobachtet zufrieden das Urwaldidyll im tropischen Regenguss. Er ist für das Klima im Dschungel verantwortlich. Bis zu 80000 Liter pladdern täglich programmgemäß auf das grüne Biotop.

Bis die ersten Besucher die Masoala-Regenwaldhalle im Zürcher Zoo betreten dürfen, sind die Pfützen von der heißfeuchten Luft aufgesogen und die lilafarbenen Kelche der Thunbergie schwanken anmutig im künstlichen Wind. Seit Juni 2003 ist die geniale Hallenkonstruktion aus Stahlträgern und vier Schichten aus nur 0,2 Millimeter starker Pflastikfolie voll gestopft mit hochentwickelter Klima-Technik die Attraktion und läuft Löwe, Tiger & Co. den Rang ab. Wie ein gigantisches Gewächshaus überspannt das halbrunde Dach auf dem Zürichberg 11000 Quadratmeter madagassischen Tieflandregenwald, eine Kopie des extrem bedrohten Originals auf der Masoala-Halbinsel im Nordosten Madagaskars. 52 Millionen Franken, zehn Jahre Planung und viel Idealismus waren nötig, um das einzigartige Projekt zu verwirklichen.

Jetzt gilt die Halle weltweit als Vorzeigeobjekt für die neue Rolle der Zoos: Mehr als eine Tierschau ist „Masoala Kely," das kleine Masoala, wie die Madagassen die berühmte Außenstelle nennen, eine Institution für Arten- und Naturschutz. Wie in einer Arche überleben hier Tiere und Pflanzen, die in ihrer Heimat vom Aussterben bedroht sind. Mehr noch: Mit Geld und Knowhow, dem Ideenreichtum und Einsatz des Direktors Alex Rübel hilft der Zoo Zürich der einzigartigen Natur der Masoala-Halbinsel. „Wir haben eine beispiellose Anbindung an den Nationalpark auf allen Ebenen", erklärt Rübel, der mindestens einmal jährlich in Madagaskar nach dem Rechten sieht, „Wir unterhalten eine Naturschutzschule, tauschen Tiere, Pflanzen und das Wissen darüber aus, finanzieren das Besucherzentrum, fördern Forschungsprojekte und bezahlen Initiativen, die die Lebensqualität der Einheimischen bessern." Das geballte Gutmenschentum kommt am Ende dem Regenwald zugute. Der Zoo baut Schulen, Brunnen und Staudämme und schult Madagassen im effektiveren Reisanbau. Rübel: „Wenn die Menschen gut ernten, sinkt die Motivation, zur Landgewinnung den Wald anzuzünden."

In der Halle stapft Kurator Martin Bauert auf einem Trampelpfad am für Besucher uneinsehbaren Rand der Konstruktion zu seiner eigenen tropischen Baumschule. In unscheinbaren Beeten sprießen grasartige Pflanzen, Palmen, die für Madagaskar so charakteristisch sind. Nur fünf der 170 madagassischen Palmenarten wachsen auch außerhalb der Insel. Manche der Zürcher Winzlinge sind für die Wissenschaft eine Sensation. Etwa die Waldkokosnuss: Weniger als zehn Exemplare der exotischen Palme stehen noch auf der Masoala-Halbinsel. Zwar tragen die Bäume spektakuläre Büschel knallroter Früchte, doch gibt es keine Jungpflanzen. Weltweit rätseln Wissenschaftler, warum sich die aussterbende Pflanze nicht vermehren lässt. Ob die Samen durch den Verdauungstrakt des im 17. Jahrhundert ausgerotteten madagassischen Elefantenvogels wandern müssten, um zu keimen? „Ich glaube das nicht," sagt Bauert. Fünf selbst gezogene Voanioala-Palmen konnte er bereits in der Zürcher Halle auspflanzen. Ihr Standort ist noch geheim, damit die unbezahlbaren Jungpflanzen nicht geklaut werden.

Die Zuchterfolge der Schweizer nützen der artenreichen Insel womöglich auch wirtschaftlich. Bisher galten die teuer gehandelten Ebenholz- und Rosenholzbäume als nicht kultivierbar, weshalb weiterhin Regenwald abgeholzt wird, um an einzelne Stämme zu kommen. „Tatsächlich haben beide unorthodoxe Samen, die keine Samenruhe halten", erklärt Bauert. „Fallen die Samen trocken, sind sie nach drei Tagen tot. Aber wir konnten zeigen, dass man sie sehr wohl keimen lassen kann – wenn man sie richtig behandelt."

Hier leben Tiere und Pflanzen, die fast ausgestorben sind

Das Wissen aus dem Zoo Zürich soll in den Tropen Plantagen ermöglichen, die den Druck vom stark bedrohten Wald nehmen. Die zwei madagassischen Baumschulen des Zoos jedenfalls ziehen bereits Edelhölzer.

Hauptattraktion Masoalas sind die Lemuren, jene kulleräugigen Halbaffen, die es fast ausschließlich auf Madagaskar gibt. Ein Drittel der Arten sind bereits ausgerottet, doch nach wie vor werden neue Spezies entdeckt, darunter seidige Graue Makis, neugierige Fettschwanzmakis und verschiedene Arten von Mausmakis, die kleinsten Affen der Welt. Erst nachdem sie ein Jahr im Zoo gelebt hatten, wurden auch die Zürcher Mausmakis als neue Art beschrieben.

In der Halle sieht man am ehesten die Roten Varis, die mit ihren langen Schwänzen im Dachgestänge turnen und mit spektakulären Sprüngen und lautem Bellen in die Bäume hechten. Aber auch Weißkopfmakis und Bambuslemuren zeigen sich dem aufmerksamen Beobachter.

Am Boden stochern Mähnenibisse zwischen den Blättern, so dass es fast an ein Wunder grenzt, dass die Eier der Pantherchamäleons überlebt haben und nun hauseigene Nachzuchten der skurrilen Reptilien über die Seile der Wegbegrenzung balacieren, an deren Pfosten sich die Termiten gütlich tun. Flughunde ernten reife Bananen, Guaven und Mangos, im Hallendach schnäbeln kleine Papageien und die knallroten Madagaskarweber, dazwischen segeln Drongos und Brillenvögel. Die Halle ist fruchtbar: „Wir überschwemmen die anderen Zoos mit Witwenpfeifgänsen," erzählt Kurator Bauert, „und vor zwei Jahren haben wir zwölf Tanreks ausgesetzt. Jetzt haben wir 170 der igelartigen Tiere gefangen."

Doch nicht alle Madagaskar-typischen Tiere konnten sich in der tropischen Wohngemeinschaft so gut behaupten. So sind die Plattschwanzgeckos nicht mehr gesichtet worden, und auch drei Froscharten scheinen ausgestorben. Das Experiment Masoala Kely geht weiter: Jetzt sitzen die winzigen Goldfröschchen und die dicken Tomatenfrösche vor Tanreks und Mähnenibissen geschützt in Käfigen im Unterholz der Halle. Zwei Wassersys-

1 Rumtollen: Die Roten Varis haben schon zweimal Zwillinge bekommen. Die Jungtiere toben besonders wild durch die Baumgipfel **2** Abhängen: 24 Flughunde leben in der Halle, ausschließlich Weibchen, da sonst die Population explodieren würde **3** Erforschen: Die in madagassischer Bauweise errichtete Hütte ist bei Zoobesuchern ein beliebter Aussichtspunkt

teme plätschern durch ihre überschaubaren Reviere – die Zoologen wollen testen, welche Wasserqualität die heiklen Amphibien zum Laichen bevorzugen. Auch ein Klimawechsel soll die labilen Lurche zur Eiablage motivieren.

Für Besucher ist eine Pause im Masoala-Restaurant ein willkommener Klimawechsel. Hier gibt es zum exzellenten Essen auch gleich den schönsten Blick durch eine Glasfront in den Dschungel. So kann man zusehen, wie die Blatthühnchen über den Schwimmteppich aus Hyazinthen und Papyrusstauden staksen, während der halbmetergroße Hammerkopf sich am Ufer niederlässt und die schwimmende Parade der Rotschnabel- und Zwergglanzenten abnimmt.

Im großzügigen Besucherzentrum wird deutlich, mit welcher atemberaubenden Geschwindigkeit die Artenvielfalt des einmaligen Tieflandregenwalds schrumpft. Fast alle Tiere in der Halle stehen auf der Roten Liste der bedrohten Tier- und Pflanzenarten. Madagaskar gilt als Brennpunkt des Naturschutzes, dort leben zahlreiche Arten, die es sonst nicht auf der Welt gibt. Drei Prozent aller Pflanzen- und Tierarten weltweit wachsen und hausen auf der Insel im Indischen Ozean, die meisten davon nur da – Wissenschaftler sprechen dann von endemischen Arten. Derzeit versucht der Zoo, einen Fonds zu stiften, der den Unterhalt des Nationalparks, der schon jetzt zu einem Drittel aus Zürich bezahlt wird, langfristig sichert.

Damit sind die Pläne des Zoos noch längst nicht erschöpft. Auch außerhalb der Regenwaldhalle wird investiert. Eine Seilbahn soll den Tierpark auf dem Zürichberg mit dem Bahnhof Stettbach verbinden. Am Hang steht bereits ein afrikanisches Gebirge, das 2008 von Nubischen Steinböcken und Klippschliefern bezogen werden soll, darunter entsteht eine moderne Elefantenanlage und eine afrikanische Savanne. „Dabei geht es uns nicht allein um das Ausstellen der Tiere; jede neue Anlage ist mit einem Naturschutzprojekt verbunden," sagt Direktor Rübel, der mit seinem Konzept auf internationalen Zoo-Kongressen herumgereicht wird. „Unsere einzigartige Verbindung von Zoo und Naturschutz vor Ort hat die Zoowelt aufgerüttelt und wird hoffentlich Schule machen." Fernsehteams aus Japan und China filmen die Masoalahalle, aber auch innerhalb Europas hat der Zoo Berühmtheit erlangt. Rübel: „Seit dem Bau des Tropenhauses hat sich der Anteil der Touristen an den rund 1,6 Millionen Besuchern verdoppelt. Wir sind jetzt die von Touristen meistbesuchte Institution der Schweiz."

Der Besuch lohnt sich, nicht nur wegen Masoala Kelys. Die Himalaya-Anlage mit den Mongolischen Wölfen, Schneeleoparden, Kleinen Pandas und Amurtigern ist zur Rhododendronblüte ein Traum in Lila. Statt des alten Bärengrabens bewohnen Brillen- und Nasenbären jetzt 2500 Quadratmeter Bergnebelwald samt Höhen und Wasserfall. Und zu jeder Jahreszeit begeistern die Gorillas die Besucher. Die Schimpansen, mit denen sie früher das Haus teilten, sind mittlerweile nach Gelsenkirchen ausgewandert. Rübel: „Wir halten nur Tiere, denen wir artgerechte und verhaltenstypische Anlagen bieten können. Lieber geben wir eine Art ab, als dass wir Kompromisse eingehen, und es hat lange gedauert, bis wir eine Anlage fanden, die unseren Ansprüchen genügt, so dass wir die Tiere guten Gewissens abgeben konnten."

Stolze 360 Arten zeigt der Zoo; 40 bedrohte Tierarten werden im Rahmen internationaler Erhaltungszuchtprogramme vermehrt und ausgewildert. So stammen die europaweit einzigen Nachzuchten von Galapagos-Riesenschildkröten aus Zürich, die jungen Siam-Krokodile sind die einzigen, die je außerhalb Asiens schlüpften.

Jungtiere und Sensationen – weil es im Zoo Zürich so viel zu entdecken gibt, haben sich 240 freiwillige Helfer in den Dienst der Vermittlung zwischen Mensch und Tier gestellt. Sie erklären, führen und zeigen gut versteckte Tiere. Im dichten Urwald Masoala Kelys ist das oft nötig, um die Tarnkünstler zu entdecken. Hier lohnen sich besonders die geführten Wanderungen durch die sonst gesperrten Nebenwege über Hängebrücken zu versteckten Futterplätzen.

Noch exklusiver wird es nur, wenn man ein Gala-Abendessen im Masoala-Restaurant bucht. Nach dem Aperitiv werden die Gäste durch die besucherfreie Halle geführt, in der nun die nachtaktiven Mausmakis und die Tanreks unterwegs sind. Das madagassisch angehauchte Menü und der dämmrige Urwald – spätestens jetzt vergisst man, in einer Halle mitten in der Schweiz zu sein. □

Jutta von Campenhausen, *freie Autorin aus Hamburg und studierte Biologin, begleitete Zoodirektor Rübel schon 2004 auf eine Reise nach Madagaskar.*

MERIAN | TIPP Zoo

Zoodirektor Alex Rübel

Der Zoo Zürich ist 365 Tage im Jahr geöffnet; im Winter von 9 bis 17 Uhr, sonst bis 18 Uhr. Die Masoala-Halle öffnet täglich um 10 Uhr. Eintritt: Erw. 22 Fr, Kinder ab sechs zahlen 11, Jugendliche (16-25 Jahre) 16 Fr.

Anfahrt Ab Hauptbahnhof fährt die Tram 6 zum Zoo. Mit dem Auto fährt man über die Autobahn A1, Ausfahrt 65 Richtung Dübendorf oder durch die Stadt.

Erlebnisführungen sollten rechtzeitig telefonisch gebucht werden, ebenso **Nachtwanderungen**, zu denen ein Abendessen und die Übernachtung im Schlafsack gehören. Auch die **Zoo Dinners** mit Führung und Menü müssen vorab reserviert werden. Für das leibliche Wohl sorgen mehrere Zoorestaurants, dazu gibt es zahlreiche Picknick-Plätze.

Zwei Zoo-Shops bieten nicht nur tierische Andenken, sondern ein üppiges Angebot an regionalen Spezialitäten wie Gewürze und Düfte, Tee und Kaffee sowie Kunsthandwerk, deren Verkauf Naturschutzprojekten zugute kommt. Der Masoala-Shop verkauft madagassische Pflanzen, die in Zürich aus Samen gezogen wurden.

Zoo Zürich
(G 3/4) Zürichbergstraße 221
Tel. 08 48 96 69 83
Alle Infos unter www.zoo.ch

ZUFLUCHT ZÜRICH

Eine inspirierende Landschaft und ein freies geistiges Klima, das beflügelt Poeten – Zürich zieht seit jeher Literaten aus aller Welt an Text: Martin Ebel

1

Manchmal ist Zürich ein Zufallstreffer, ein Glückslos, und wird zur „Lotterieheimat", wie Catalin Dorian Florescu das nennt. Seine Familie trifft 1982, aus Timisoara/Rumänien kommend, in Zürich ein. Vater, Mutter, der 15-jährige Sohn, im vollgepackten Dacia mit Anhänger. In dessen doppeltem Boden: rumänisches Geld (das, wie sich herausstellt, im Westen nichts wert ist) und persönliche Erinnerungsstücke. Catalin leidet an einer Muskelkrankheit, die nur im Ausland behandelt werden könne: Diesem unpolitischen Grund verdankte man die Erlaubnis zur Ausreise (sowie, wie nicht anders denkbar in Ceausescus Rumänien, inoffiziellen „Kontakten" und bestechlichen Beamten). Man übernachtet in einer Pension am Schaffhauserplatz und will am folgenden Tag weiter, nach Deutschland. Da sieht der Vater hinter dem Dacia einen dunklen Mercedes stehen und daneben einen gut gekleideten Mann, der gerade einsteigen will. Einer spontanen Eingebung folgend, schickt er seine Frau zu ihm; sie kann Deutsch und soll den Unbekannten um Hilfe bitten. Die bekommt sie in Gestalt eines Zettels mit einer Telefonnummer. Sie gehört einer Zürcher Caritas-Mitarbeiterin, die die Florescus vorübergehend aufnimmt und ihnen bei den nächsten Schritten beisteht. Catalin wird die Schule besuchen, wird Deutsch lernen, Psychologie studieren, als Suchtberater arbeiten, und er wird Schriftsteller. Im Frühling 2008 ist sein vierter Roman „Zaira" erschienen, in einem großen deutschen Verlag (C. H. Beck, 19,90 Euro). Der Roman eines rumänischen Flüchtlings, der in Zürich zu einem deutschsprachigen Autor wurde.

In Zürich, wenn auch nicht unbedingt durch Zürich. Die Stadt hat zwar eine literarische Strahlkraft, die in Europa nur von Paris und London übertroffen wird, aber diese Strahlkraft ist ihr zugewachsen, ohne dass sie viel dafür getan hätte.

Vom 18. Jahrhundert bis in unsere Tage zieht diese Stadt Schriftsteller aus der Fremde an, vor allem aus dem benachbarten „großen Kanton" Deutschland, aber auch aus Österreich, Italien, Polen, Russland – oder eben Rumänien. Nicht der unwichtigste Grund ist die herrliche Lage, am Ufer eines Sees und zweier Flüsse, umgeben von Hügeln, mit Blick auf schneebedeckte Dreitausender. Friedrich Gottlieb Klopstock (1750) und Johann Wolfgang von Goethe (1775) bewunderten und bedichteten den Zürchersee, und es ist nicht übertrieben zu behaupten, dass dieser poetische Ort erheblich zur Herausbildung von so etwas wie Naturgefühl beigetragen hat.

Klopstock wie Goethe kamen aber nach Zürich nicht der Natur, sondern eines Menschen wegen. Klopstock war von Johann Jacob Bodmer eingeladen worden, einem einflussreichen Literaten, der das Jung-Genie, das mit seinem Epos „Der Messias" Furore gemacht hatte, kennen lernen wollte. Die gute Stimmung zwischen den beiden war aber bald dahin, als Klopstock für den Geschmack des Älteren allzusehr weltlichen Vergnügungen nachging. Goethes Zürcher Gastgeber war Johann Caspar Lavater, späterer Pastor der Peterskirche und eine europäische Zelebrität. Wie Klopstock mit Bodmer, so überwarf sich Goethe später mit Lavater; geblieben ist von diesem ersten Zürich-Besuch (dem noch zwei weitere folgten) immerhin

Wohnort der Wort-Giganten:
1 Thomas Mann und seine Frau Katia im Garten ihres Hauses über dem Zürichsee 2 Bertolt Brecht mit den Schauspielerinnen Regine Lutz, Elisabeth Müller und Helen Vita vor dem Bühneneingang des Zürcher Schauspielhauses 3 Robert Musil und seine Frau Martha, die 1938 vor den Nazis fliehen mussten, erlebten auch in Zürich schwierige Zeiten und ließen sich bald in Genf nieder 4 Georg Herwegh, die „Eiserne Lerche", floh nach der gescheiterten Revolution im Jahr 1848 nach Zürich, wo er aber auch nicht lange geduldet worden ist 5 James Joyce hingegen kam nicht als politischer Flüchtling. Er wollte seine Augenleiden kurieren und Tochter Lucia von C. G. Jung untersuchen lassen

das wunderbare Gedicht „Auf dem See" – „Die Welle wieget unsern Kahn / Im Rudertakt hinauf, / Und Berge wolkenangetan / Entgegnen unserm Lauf".

Neben ihrer Lage und der in ihr wirkenden Prominenzen war es vor allem das geistige Klima der Stadt, das Schriftsteller anzog. Hier gab es Verlage und Zeitschriften, die keiner Zensur eines Landesherrn unterlagen. Und hier gab es bereits im 19. Jahrhundert eine Universität, an der Frauen studieren durften, wovon sie anderswo nicht zu träumen wagten. Eine der ersten Studentinnen war Rosa Luxemburg, sie belegte ab 1889 Vorlesungen in Zoologie, Staatswissenschaften und Ökonomie und bewegte sich in einem Milieu sozialistischer, meist auch jüdischer Studentinnen – bei ihnen deckte sich der Drang nach Bildung mit politischem Freiheitswillen. Überhaupt waren es meistens politische Gründe, die Schriftsteller ihren Wohnsitz in Zürich nehmen ließen.

Besonders die wechselhaften Verhältnisse in Deutschland führten zu regelrechten Einwanderungswellen. Die erste spülte in den dreißiger Jahren des 19. Jahrhunderts neben heute vergessenen, gescheiterten Revolutionären auch Georg Büchner in die Stadt. Er wurde wegen seines „Hessischen Landboten" (mit den legendären Zeilen „Friede den Hütten, Krieg den Palästen") steckbrieflich gesucht. In Zürich fand er Zuflucht, hatte sogar Aussicht auf eine akademische Karriere – 1836 hielt er erfolgreich seine Probevorlesung „Über Schädelnerven" –, starb aber, noch nicht 24-jährig, an Typhus. Hoch über der Stadt, nahe der Seilbahnstation Rigiblick, liegt sein Grab.

Nach den gescheiterten Revolutionen im Jahr 1848 kam die nächste Welle. Der berühmteste Emigrant unter den Flüchtlingen war Richard Wagner, der beim Seidenfabrikanten Otto Wesendonck Unterschlupf fand (in der heutigen Villa Schönberg im Rieterpark) und ihm zum Dank die Frau auszuspannen versuchte. Berühmter in der damaligen Zeit war Georg Herwegh. Heinrich Heine nannte ihn – ein etwas zweideutiges Lob – die „eiserne Lerche". Mit den „Gedichten eines Lebendigen" hatte Herwegh den Bestseller des Aufruhrs geschrieben, ein Buch, das zwar verboten, aber „in jedermanns Händen" war, wie das preußische Innenministerium feststellte. Von Herwegh, der schließlich auch aus Zürich ausgewiesen wurde, weil man „Verwicklungen mit fremden Staaten" fürchtete, stammen die Zeilen, ohne die lange Zeit kein Streik vorstellbar war: „Mann der Arbeit, aufgewacht! / Und erkenne deine Macht! Alle Räder stehen still / wenn dein starker Arm es will."

Herweghs Ausweisung ist symptomatisch: Die Freiheit, die ein Dichter in Zürich genoss, war von seinem Wohlverhalten abhängig, und was darunter zu verstehen war, definierten die Behörden. Das sollten vor allem die erfahren, die Zürich ab 1930 erreichten: Juden und Hitler-Gegner.

Zuvor kam es aber zu einer einzigartigen Konstellation auf engstem Raum: In einer Straße wurde gleichzeitig an der Weltrevolution gearbeitet und eine literarische Revolution inszeniert. An der Spiegelgasse 1 im Niederdorf fanden die Happenings der Dadaisten statt. Am 5. Februar 1916 hatten Hans Arp, Hugo Ball, Emmy Hennings, Tristan Tzara und andere das „Cabaret Voltaire" begründet. Ihre Auftritte zerstückelten das kulturelle Erbe jenes Abendlandes, das sich materiell auf den Schlachtfeldern Europas zerfleischte. Die Zürcher nahmen die Provokationen empört, amüsiert oder gar nicht wahr.

Ebenfalls wohl kaum wahrgenommen hat den Lärm in der Spiegelgasse Wladimir Iljitsch Uljanow, der wenige Meter entfernt in der Nummer 14 seine Pläne für den Umsturz in Russland schmiedete. (Nummer 12 war übrigens, 80 Jahre vorher, die letzte Wohnadresse Büchners gewesen). Uljanow – bekannter unter seinem Decknamen Lenin – wohnte zur Untermiete beim Schuhmacher Titus Kammerer, der ihm ein paar feste Stiefel anfertigte, die Lenin noch trug,

Für den Autor Catalin Florescu ist Zürich „meine Lotterieheimat"

„GLÜCKLICH, wie bei einer Geliebten auf Nummer sicher"

als er quer durch Deutschland und über Schweden und Finnland nach St. Petersburg fuhr, Revolution machen. Nach Zürich war er gekommen der guten Bibliotheken wegen. Denn Lenin war ein ausgesprochener Bücher- und Zeitschriftenwurm; er war in der Zentralbibliothek eingeschrieben, damals noch in der Wasserkirche und im Chor der Predigerkirche untergebracht, aber auch in der Museumsgesellschaft am Limmatquai 62 (wie später viele Hitler-Flüchtlinge, die dort internationale Zeitungen fanden). An den Wochenenden suchten Lenin und seine Frau gern den Uetliberg auf, dort saßen sie im Gras, aßen Schokolade – und lasen.

Frucht der ausgiebigen Lektüre war seine Schrift „Der Imperialismus als höchstes Stadium des Kapitalismus", in dem er die marxistisch-leninistische Doktrin an die durch den Weltkrieg entstandene neue Situation anpasste. Von der Februarrevolution war er völlig überrascht; noch im Januar 1917 hatte er im Volkshaus in einer Rede vor sozialistischen Jugendlichen prophezeit, sie würden den Kommunismus noch erleben, er aber wohl nicht mehr. Am 9. April 1917 hat Lenin Zürich mit zwei Dutzend Genossen Richtung St. Petersburg verlassen. Etwa zeitgleich arbeitete übrigens James Joyce in Zürich an seinem „Ulysses" – noch eine Revolution, wenn auch wieder „nur" eine literarische.

Nicht einmal zwei Jahrzehnte später wurde die Stadt erneut Zufluchtsort von Schriftstellern, Künstlern und Journalisten. Ab 1933 kamen sie aus Nazi-Deutschland, ab 1938 aus dem angeschlossenen Österreich, wenige mit großem Namen und sicherem Einkommen, die man gern aufnahm, viel mehr, die man am liebsten schnell wieder los geworden wäre. Die einen – wie Thomas Mann, der „notorische Villenbesitzer" – konnten sich ein Anwesen in Küsnacht kaufen, die anderen mussten froh sein, wenn sie die Miete für eine schäbige Pension oder ein kleines Zimmer aufbringen konnten.

Aufenthalts- und Arbeitserlaubnis: So lauteten die Hürden, die viele nur befristet überspringen konnten, bevor sie weiterziehen mussten. Carl Zuckmayer in die USA, Robert Musil nach Genf, Franz Werfel über die Pyrenäen, dann weiter in die USA, Ödön von Horváth nach Paris, wo ihn ein herunterfallender Ast erschlug, Else Lasker-Schüler nach Jerusalem, wo sie bitterarm starb.

An der Pfauenbühne wirkten etliche Schauspieler, Regisseure und Dramaturgen, die aus Deutschland flüchten mussten; während der Kriegsjahre war es die Uraufführungsbühne von Bertolt Brecht. Emil Oprecht, dessen legendäre Buchhandlung an der Rämistrasse vor einigen Jahren geschlossen wurde, verlegte die Bücher der Emigranten und Thomas Manns Zeitschrift „Mass und Wert".

Hilfe und Unterstützung hier, Gängelei und Denunziantentum dort: Zürich zeigte den Emigranten einen Januskopf. Zu den schändlichsten Phänomenen dieser Zeit gehören die Gutachten, die der Schweizerische Schriftstellerverband über ihre ungebetenen „Konkurrenten" anfertigte. Diese Gutachten gingen an die Fremdenpolizei und führten zu Arbeitsverboten oder dem Entzug des Aufenthaltsrechts. Georg Kaiser, einer der Gegängelten – einst in Deutschland ein erfolgreicher Dramatiker – widmete „seinem" Fremdenpolizisten ein sarkastisches Gedicht: „Ich bin ja nur ein Dichter, und er ist Polizist. / Er sitzt auf warmem Arsche, ich liege auf dem Mist. / Bald fressen mich die Fliegen auf / und ich bin Himmelsemigrant. / So nimmt die Ordnung ihren Lauf / im gottgeliebten Käseland."

Catalin Dorian Florescu hat keinen Grund zum Sarkasmus gegenüber der Stadt, die ihn aufgenommen hat, seiner „Lotterieheimat" – höchstens Ironie. Die resultiert, wie jede Ironie, aus einer doppelten Perspektive: Als Schweizer mit nichtschweizerischem Hintergrund, als gewesener Rumäne, als Schriftsteller in einer Sprache, in der er nicht aufgewachsen ist, sondern die er sich erwerben musste. Als einer von hier, der aber nicht von hier ist, erlaubt er sich Sätze wie „Es riecht unerträglich nach Geld, aber kaum nach einem großen Wurf" und träumt von der „Rache des Ziegelsteins an der unterkühlten Architektur". Dass Zürich reich ist, satt und zufrieden: Das fällt eben dem besonders auf, der am eigenen Leib erfahren hat, wie wenig selbstverständlich das ist.

Zürich war ein großartiger Nährboden für Literatur, auch für die von Nicht-Emigranten: von Zürchern wie Gottfried Keller, Conrad Ferdinand Meyer und Max Frisch, von Schweizern wie Robert Walser, Friedrich Glauser und Friedrich Dürrenmatt. Ihren eigentlichen Glanz hat sie aber von denen, die hierher kamen, freiwillig oder unfreiwillig, die hier bleiben durften oder bleiben mussten. Die heutigen Autoren wissen, dass sie fortfahren und wiederkommen dürfen. Sie tun das auch: Hugo Loetscher, Adolf Muschg, Thomas Hürlimann, Zürcher und Nicht-Zürcher zugleich, hier und in Berlin oder in Übersee. Ihr Aufenthalt in der Stadt hat etwas Spielerisches, Provisorisches, jedenfalls völlig Undramatisches. Catalin Florescu, der „Adoptivsohn Zürichs", fühlt sich „glücklich wie bei einer Geliebten auf Nummer sicher" – in Erwartung der „richtigen Geliebten". Aber auf die zu warten ist für einen Schriftsteller ja allemal die Kunst. □

Martin Ebel *leitet die Literaturredaktion des Zürcher* Tages-Anzeigers, *war u. a. Jury-Mitglied beim Ingeborg-Bachmann-Preis und ist Herausgeber des Buches „Nackt gebadet, gejauchzt bis zwölf – Weltliteratur in Zürich" (Nagel & Kimche, 15,90 Euro).*

>> Weitere Literaturtipps ab Seite 134

Die Gärten des Geldes

HINTER HOHEN HECKEN

Wo wohnen die Reichen in dieser reichen Stadt? Vornehm(lich) versteckt auf dem Zürichberg

Text: Christoph Kuhn, Fotos: Doris Fanconi

Bittet man Bewohner des Zürichbergs, sich aufgrund ihres Wohnortes zu definieren, wird man die verschiedensten Antworten bekommen. Den Zürichberg als Adresse gäbe es nicht. Ich wohne am Zoo, sagt der Eine, und ich bin ein Flunterner (Bewohner des Quartiers Fluntern), sagt ein Anderer, und ich wohne zwar am Zürichberg, aber postalisch gehöre ich nicht dazu, meint ein Dritter.

Tatsächlich ist der steil ansteigende Hügel im Rücken der Stadt ein Mythos. Geographisch, postalisch, politisch-administrativ gesehen bleibt das ehemalige Bauerndorf und Weinbaugebiet ein komplexes Gebilde, in dem sich die Anwohner ganz kleinräumig übers Quartier (Fluntern oder Hottingen oder Vorderberg oder Oberstrass oder Platte) bestimmen. Den mythischen Zürichberg gibt es so gut wie den wirklichen. Und während sich der wirkliche in stundenlangen, anstrengenden Wanderungen begehen lässt (er ist schon sehr steil), begleitet einen der mythische auf Schritt und Tritt.

Ich fange unten an, im Gebiet der Plattenstrasse, Freiestrasse. Das war einmal das Quartier latin von Zürich. Ganz von Studenten geprägt. Die sorgten für turbulentes Leben, kamen aus der nahe gelegenen Universität oder aus dem Polytechnikum, wohnten in einfachen Zimmern zur Miete, feierten und diskutierten in den billigen Lokalen, die es früher hier gab. Die Uni Zürich galt als progressiv. Um 1870 studierten hier Russen und Polen, darunter nicht wenige Frauen. Eine von ihnen war Rosa Luxemburg. Sie soll ständig die Wohnungen und Zimmer gewechselt haben, wohnte kurze Zeit an der Plattenstrasse 26 und dann an der Plattenstrasse 47. Dort wird auf einer Tafel ihrer gedacht: „Freiheit ist immer die Freiheit der Andersdenkenden“. Es komme ihr, so schreibt sie später einem Freund aus Paris, „Zürich mit dem Zürichberg so still, sauber, duftend vor wie ein wahres Paradies“.

Ein persönlicher Mythos: Ich habe vor über 40 Jahren als Student kurze Zeit am Fuße dieses Paradieses gewohnt, an der Plattenstrasse 26, zur Untermiete bei einem Arzt. Eine schon sehr zürichberggerechte Behausung war das. Gebohnertes Parkett, lädiertes Stuckwerk an der Decke, hohe Räume, alles vielleicht etwas verwohnt. Das ging eine Weile gut. Dann tauchte der Doktor, der in der Wohnung noch ein Zimmer belegt hatte (er hieß nicht Mabuse, aber in meinen Albträumen wurde er zu einem), zu allen möglichen Tageszeiten auf, empfing Patienten, und als er damit anfing, Spritzen in unserem Kühlschrank aufzubewahren, begann sich meine Frau nach etwas anderem umzuschauen. Und wurde fündig. Hundert Meter weiter oben am magischen Hügel. An der Zürichbergstrasse, eine der ältesten des Berges, die ihn von ganz oben bis ganz unten in mitunter abenteuerlichen Kurven durchschneidet, liegt in einem kleinen Park hinter einem beeindruckenden Eisentor die Villa Chantemerle. Witwe H., die den im eleganten französischen Stil des 19. Jahrhunderts gebauten Palazzo mit einem portugiesischen Bedienstetenpaar bewohnte, vermietete uns zu überaus günstigen Bedingungen ihr Gartenhaus, ein veritables Schlösschen mit Turm im Miniformat; die Badewanne stand in der Küche, das Bett füllte die Schlafkammer vollständig aus, und geheizt wurde mit Kohlen in einem vorsintflutlichen Ofen. Beide Parteien waren zufrieden.

Wir in unserer ebenso unbequemen wie poetischen Behausung, und Witwe H., Vertreterin einer alteingesessenen, überaus wohlhabenden Familie des Zürichbergs, waren überzeugt, dank der huldvollen Gewährung von Unterkunft an einen sozusagen mittellosen Studenten der drohenden Enteignung durch die Staatsgewalt, repräsentiert von der an Raumnot leidenden Uni, zu entgehen. Diese Enteignungschimäre, eine auf die Folgen des in der ruhigen Schweiz mitunter mit harten verbalen Bandagen ausgetragenen Kalten Krieges zurückzuführende Art von Paranoia, war natürlich vollständig absurd – aber halt auch nützlich.

Der Zürichberg ist das Villenquartier von Zürich. Die Finanzkraft, die sich hier auf engem Raum ballt, würde wohl den Staatshaushalt so mancher armen Länder unseres Planeten übersteigen. Ausmessen, beziffern kann man sie nicht, diese Finanzkraft; Schätzungen bedeuten reine Spekulation, geeignet, den Mythos zu nähren. Es ist von geheimen Netzwerken die Rede, die sich über den Golfklub oben am Berg (Jahresbeitrag rund 18 000 Euro) oder über die Zunft Fluntern spinnen, es ist weiter die Rede von Graue-Maus-Auftritten und gelebtem Understatement der Protagonisten. Sie protzen nicht, zeigen nichts, sie fahren Tram und kaufen bei Coop ein, aber ihre Häuser bergen kostbare Kunstschätze, und bei den Banken sind sie manchmal nicht Kontoinhaber, sondern einfach nur Inhaber.

Legenden sind das. Unsichtbare Netzwerke gibt es in jedem Dorf, und die Banker, Industriekapitäne, Medienmogule, Manager jüngerer Generationen, die es sich leisten können, hier zu wohnen, fahren doch sehr sichtbar in Automobilen der stolzesten Preisklassen den Hügel rauf und runter, und wenn sie aussteigen, die durchtrainierten Herren mit ihren wunderschön modellierten Gattinnen oder Freundinnen, wird sie kein Mensch mit einer grauen Maus verwechseln. Neben ihnen und neben den Alteingesessenen gibt es am Berg auch noch die Geistesarbeiter, die Uniprofessoren mit Instituten, Seminaren und Büros. Mit der geballten Finanzkraft korreliert oder konkurriert oder kontrastiert eine imponierende Geisteskraft. Tagsüber zumindest. Am späten Nachmittag gehen in den von Uni und Polytechnikum genutzten Häusern die Lichter aus. Die Politik möchte den Uniparameter, der schleichend größer geworden ist in den vergangenen Jahrzehnten, wieder verkleinern. Ein frommer Wunsch. Wer kann, und wie will man das durchsetzen?

Frau S., auch sie Witwe, kürzlich 101 Jahre alt geworden, lädt zum Mittagessen ein, das uns eine spanische Köchin vorsetzt; himmlisch. Sie hört nicht mehr so gut und sieht nicht mehr ganz klar, Frau S., aber ihr Geist bewegt sich flink und lebhaft durch Zeiten und Räume. Ein Gläschen Wein scheint sie zu befeuern, sie gräbt in Erinnerungen. Wir schauen ihre Bilder, ihre eleganten provençalischen Möbel

an, und sie erzählt Geschichten über ihre aus Marseille stammende Mutter. Ein Querschnitt französischer Literatur in kostbaren Ausgaben findet sich in den Regalen, und am Kaffeetisch werden auf ein paar Fotos die glanzvollen Zeiten im früher bewohnten, ganz in der Nähe liegenden Haus beschworen, das zu groß, zu anstrengend wurde und deshalb verkauft werden musste. Auch hier, wo sie jetzt lebt, in einer lichtdurchfluteten Wohnung an der Zürichbergstrasse, stand eine Villa. Mit Pferdeställen. Die wurde zuletzt von zwei alten Damen bewohnt, und als die starben, konnten sich die Erben nicht auf die Erhaltung des Hauses einigen. So wurde verkauft, die Villa abgerissen, das Terrain effizient ausgenutzt für Eigentumswohnungen.

Frau S. trauert ihrem ehemaligen Heim nicht nach, aber sie lässt es jetzt auferstehen mit dem blühenden Rosenbusch im Garten, der weißen Fassade, den Festen, die hier gefeiert wurden. Der junge Max Frisch hätte das Haus planen sollen, aber er wollte es nach seinen Ideen, nicht nach ihren bauen. Und das ging nicht, wie sie fröhlich erklärt. Sie wusste genau, was für ein Haus sie wollte, ein mediterranes, und sie bekam es auch, von einem andern berühmten Architekten, der zum Glück keine Zeit hatte, sich richtig um die Sache zu kümmern. Frisch blieb ein Freund, und Günter Grass, zu dem über seine damalige Frau verwandtschaftliche Bande bestanden, wurde einer und kam gelegentlich zu Besuch.

Ich bin in der Mitte des Bergs angelangt, überprüfe, ob das noch stimmt, was ich von früher weiß: dass die kleinen Straßen sehr still, dass kaum Fußgänger, wenig Kinder anzutreffen sind, dass es kaum Läden gibt, dass die alten Villen meist keine Namen auf den Briefkästen verzeichnen, dafür wird vor Hunden gewarnt. Wer konnte, früher, hat sich von der Straße möglichst weit zurückgezogen, hat sein verziertes Holzchalet, seine Jugendstilvilla, seine Neorenaissance hinter dicht belaubten Bäumen versteckt. Es ist noch so, wie es war, teilweise, und ist doch anders geworden. Wie soll man sagen? Der Zürichberg hat sein Gesicht in Etappen restauriert, hat kräftig Schminke aufgetragen, verschönert, verwüstet, geklotzt. Fieberschübe, von der Wirtschaft, der Konjunktur, der Börse initiiert, haben ihn geschüttelt in den letzten Jahrzehnten. Viele der alten Villen sind verschwunden und haben modernen Kuben Platz gemacht. Es gibt architektonische Schmuckstücke darunter, kein Zweifel, aber das Gros der Überbauungen bleibt medioker, trivial – niederschmetternd. Am schlimmsten sind die so genannten „Riegel“, lang gezogene betonierte Brutalitäten, die ein oder zwei Villen samt Garten gefressen haben.

Der Zürichberg **HAT SEIN GESICHT IN ETAPPEN RESTAURIERT,** kräftig Schminke aufgetragen, verschönert, verwüstet, geklotzt.

Auf halber Berghöhe erfahre ich von Frau K. einiges über die Ursachen des Gesichtswandels. Sie kennt den Berg und seine Bewohner wie niemand sonst, hat 25 Jahre lang die Flunterner Quartierzeitschrift redigiert. Die alteingesessenen Familienväter oder -mütter vereinsamen, ziehen weg, sterben, erzählt sie. Die Erben tun sich schwer mit den ihnen zufallenden Immobilien. Teurer Unterhalt, hohe Steuern, unpraktische Häuser, die zwar großzügig geplant sind, aber aus wohntechnischen Gründen doch nur von einer Familie genutzt werden können, raffinierte Gärten, für deren Pflege das Personal fehlt – das alles erleichtert den Entscheid, die Liegenschaft zu verkaufen. Für astronomische Summen, versteht sich. Denn immer noch ist es für jemanden, der viel Geld hat, das höchste der Gefühle, selber am Zürichberg zu wohnen oder dort ein Haus zu besitzen. Wird er, im Zusammenhang mit seinem Bauvorhaben, mit den sicher auf ihn zukommenden Auflagen fertig, hat er das große Los gezogen. In den Inseraten der Zeitungen steht dann: „Exklusives Wohnen an Zürichs bester Lage“ oder „Charmant residieren an feinster und privilegiertester Adresse“. Das kostet natürlich, dieses „Residieren“. Eine 2,5-Zimmer-Luxuswohnung in einem dieser hässlichen Betonriegel kommt auf rund eine Million Euro zu stehen. Die Mietpreise für eine Vier- bis Fünf-Zimmer-Wohnung „in bester Lage“ fangen bei fünfeinhalbtausend Euro an und gehen bis siebentausend. Pro Monat.

Jetzt bin ich ganz oben angekommen, am Waldrand, habe den Friedhof Fluntern besucht, James Joyce gegrüßt, der hier liegt, und Elias Canetti, seinen Nachbarn (auf eigenen Wunsch). Genieße den unvergleichlichen Blick auf den Zürichsee und die Alpen und wundere mich – nicht als Erster – über den Umstand, dass die schönste, die freieste, die edelste Zone des Zürichbergs nicht überbaut, sondern von ein paar Schrebergärten belegt ist. Eine Kuriosität, die dem mythischen Berg eine familiäre und liebenswürdige Note verleiht.

Mythos und Wirklichkeit vereinigen sich noch einmal, wenn man die Susenbergstrasse entlang zum Theater Rigiblick wandert, eines der buntesten und überraschungsreichsten Zürichs, wie einen der Blick aufs aktuelle Programm lehren kann: Da gibt es Sternennächte am Hafen (Seemannslieder), szenische Krimis und Goethes „Faust“ mittels Rock-Songs erzählt. Der Leiter des Theaters, Daniel Rohr, ist ein von Einfällen sprühender Tausendsassa. Vom Rand her besingt, bespielt, beschwört er den Zürichberg. Ein erfolgreiches Theater, wahrlich eines mit schöner Aussicht. Bevor man es betritt, wird man gleich neben der Drahtseilbahnstation, die einen aus den Tiefen der Stadt hinaufbefördert, das Grabmal Georg Büchners finden. Er wäre in Zürich glücklich geworden, meinte er in seinen letzten Briefen. Jetzt ist er hier beerdigt, ein Wirklicher und Mythischer zugleich: der Freund, Georg Herwegh, hat ihm den Grabspruch geschrieben: „Ein unvollendet Lied sinkt er ins Grab / der Verse schönsten nimmt er mit hinab.“ □

Christoph Kuhn, *Jahrgang 1937, hat seine Studienzeit und später viele Berufsjahre beim* Tages-Anzeiger *in Zürich verbracht – in einem Gartenhaus am Fuß des mythischen Berges.*

Raus aus der Stadt, rein in die Kantone – Ausflüge nach Rapperswil, Zug, auf den Uetliberg, zum Rheinfall und in den Sihlwald

Texte: Thomas Veser

KLEINE FLUCHTEN – ZÜRICHS ZAUBERHAFTE NACHBARN

Foto: Arthur F. Selbach

Der schönste Blick auf Schloss Rapperswil und die Seepromenade bietet sich vom Wasser aus

Rapperswil – Langsamkeit als Lebensgefühl: Ein stattliches Schloss, eine wirklich alte Altstadt und eine bezaubernde Seeuferpromenade bilden die Kulisse für Tagesausflüge nach Rapperswil

Vom Schlossberg in Rapperswil reicht der Blick weit über den Zürichsee

Die letzten Strahlen der untergehenden Sonne tauchen die sanfthügelige Landschaft auf der rechten Zürichseeseite in goldgelbes Licht. Gemächlich durchpflügt der altertümliche Schaufelraddampfer die Wellen, dann nimmt er Kurs auf die „Goldküste", wie die rechte Uferseite genannt wird. Knapp anderthalb Stunden nach der Abfahrt von Zürich nähert sich der Dampfer seiner Endstation in Rapperswil.

Bevor man die Wohngebäude in der Altstadt wahrnimmt, zieht die Achtung gebietende Burg derer von Rapperswil alle Blicke auf sich: Die schlanken Silhouetten von Glockenturm und Bergfried rahmen das dunkle Hauptgebäude des Herrschaftssitzes, dessen Konturen sich messerscharf vom tiefblauen Abendhimmel abheben. Während der Dämmerung wirkt Schloss Rapperswil wie ein mysteriöses Schiff, das erhaben über Ort und Zeit zu schweben scheint.

Zwei Gassen mit drei Häuserzeilen und ein Hauptplatz: Nach diesem simplen Schema hatten die Adligen den Ort im 13. Jahrhundert anlegen lassen. Die westliche Altstadt atmet den mittelalterlichen Geist bis heute. Kleine Steinbauten, die mit verputzten Fachwerkgebäuden kontrastieren. Nur das stattliche Bleulerhaus tanzt aus der Reihe: Aus mehreren Einzelhäusern zusammengefügt und mit einem eleganten Erker geschmückt, wirkt der herrschaftliche Sitz wie der Gegenentwurf selbstbewusster Bürger zum allmächtigen Schloss. Früheren Wohlstand bezeugen auch „Pfauen", „Engel" und „Alter Sternen", deren spätmittelalterliches Gepräge weitgehend erhalten ist. Selbst einen Laubengang legten sich die Rapperswiler damals zu, er erstreckt sich entlang der Hintergasse und lädt zum Müßiggang ein.

Rapperswil, das mit seiner wesentlich größeren Nachbargemeinde Jona 2007 zusammengelegt wurde und heute 25 000 Einwohner zählt, ist ein lohnendes Ziel für Tagesausflügler. „Die ältere Generation überwiegt eindeutig, sie überträgt ihren gemächlichen Lebensrhythmus auf die ganze Stadt", erzählt Reto Klotz, Geschäftsführer des städtischen Verkehrsvereins. Diese Entdeckung der Langsamkeit sei wesentlicher Bestandteil des urbanen Lebensgefühls. An der früher mit einer Zugbrücke gesicherten Burg kommt kein Besucher vorbei. Kunstvolle Gewölbe überspannen den Treppenaufgang, der in eine überraschende Ausstellung führt: das Polenmuseum. Schon 1870 hatten Emigranten die Erlaubnis erhalten, im Rapperswiler Schloss an ihre geteilte Heimat zu erinnern und im Schlosshof eine Freiheitssäule zu errichten.

Die gegenwärtige Ausstellung geht auf das Jahr 1975 zurück. Exilpolen, die nicht unter dem Kommunismus leben wollten, hatten Gemälde, Literatur, Trachten und weitere Zeugnisse der Volkskunst zur Verfügung gestellt.

Nach dem kulturgeschichtlichen Exkurs zieht es die meisten Besucher zurück an den See, an dessen Ufer im 19. Jahrhundert eine großzügige und heitere Promenade angelegt wurde. Oleander und Esskastanienbäume säumen die Flaniermeile mit sommerlichem Flair. Bei einer Tasse Kaffee macht man es sich hier gemütlich, lauscht den Straßenmusikanten und beobachtet das bunte Treiben.

Derart gestärkt, lohnt es, die Stadtgärten zu durchstreifen. Rapperswil, das mit der Blumenhalbinsel Mainau verschwistert ist, bietet jeden Sommer eine betörende Rosenvielfalt mit 15 000 Stöcken und 600 Sorten. Die edle Blume erinnert an die Grafen von Rapperswil. Diese führten die Rose in ihrem Wappen, auch die Stadt übernahm sie später als Wappensymbol.

Die Königin der Blumen steht für eine Epoche, als Rapperswil nicht nur ein reicher Handelsort war, sondern auch Etappe für Pilger auf ihrem langen Weg nach Santiago de Compostela. Nachdem die Jakobspilgerfahrt in den vergangenen Jahren wieder an Elan gewonnen hat, erwarb ein findiger Zeitgenosse das ehemalige Gasthaus „Freihof" und gab ihm nach gründlicher Renovierung den Namen „Hotel Jakob". Wer sich mit seinem Pilgerbüchlein als Wallfahrer ausweist, erhält dort eine köstliche Pilgersuppe, die – wie es der alte Brauch vorschreibt – für Gotteslohn zu haben ist.

ANREISE Vom Hauptbahnhof Zürich mit den Stadtbahnen S5 und S7 alle 30 Min., Fahrtzeit 45 Min. Mit dem Auto: von Zürich (40 km) oder Sargans (60 km) auf der Autobahn oder auf Landtraßen. Mit dem Raddampfer oder anderen Ausflugsschiffen: von Zürich Bürkliplatz (Juni bis September) dreimal täglich: 9.30, 10.30, 14.30 Uhr (nur bei schönem Wetter; Dampfer-Info: Tel. 044 487 13 21).

>> Alle Ausflugsziele finden Sie auf der goßen MERIAN-Karte ab Seite 131

FLANIERMEILE MIT GEMÄCHLICHER ATMOSPHÄRE

Foto: Arthur F. Selbach

Auf der lebendigen Promenade, die im 19. Jahrhundert angelegt wurde, reihen sich Cafés und Restaurants aneinander, eine Stimmung wie in einem Kurbad

Foto: Christof Sonderegger

Dramatisches Tosen: 23 Meter stürzt der Rhein bei Schaffhausen in die Tiefe. Ein beeindruckendes Schauspiel, das Touristen aus aller Welt anzieht. Auf Schloss Laufen und dem Mittelfelsen finden sie einen Logenplatz

WO VATER RHEIN SICH IN DIE TIEFE STÜRZT

Uetliberg – ein Berg mit zwei Gesichtern: Zürichs Hausberg ist das beliebteste Naherholungsgebiet der Stadt. Jenseits vieler ausgetretener Pfade zeigt die nur etwa 870 Meter hohe Erhebung auch ihre wilde, gebirgige Seite

Auf den Uetliberg, und das ausgerechnet an einem Sonntag? Der Freund in Zürich-Seebach verdreht die Augen. Bei schönem Wetter sei der „Uezgi" komplett überlaufen, wird man gewarnt, und „wenn du dort irgendwo einkehren willst, kannst du erst mal Schlange stehen."

Wir wagen die mehr als dreistündige Wanderung trotzdem und folgen zunächst dem geteerten, bei Wanderern hoch im Kurs stehenden Panoramaweg, von wo aus sich immer wieder Ausblicke auf den schillernden Zürichsee bieten. Der Weg führt steil bergauf, vorbei an Gärten und Friedhöfen. Auf den zahlreichen, oft verschlungenen Pfaden des Zürcher Hausbergs geht es dann Richtung „Höckler/Langnau". Kurze Zeit später stehen wir vor dem Scheibenstand des Schützenhauses, in dem das traditionelle „Zürcher Knabenschießen" stattfindet. Dahinter geht es weiter bergauf zum „Höckler" genannten Wiesendamm. Erneut bietet sich ein gewaltiges Panorama: Dass die Natur im „Millionen-Zürich" näher und unverstellter ist als in den meisten Großstädten, wird auf dem Uetliberg an vielen Stellen deutlich. Das Grün des Waldes scheint sich ungebrochen fortzusetzen, hinunter in die Parks und Gärten der Wohnviertel. Selbst im Stadtgebiet erspäht man kleine Schluchten und Steilhänge, die verhindern, dass die Natur völlig im Häusermeer ertrinkt.

Ein etwas versteckt angebrachter Wegweiser „Uetliberg" führt weiter auf einen im Zickzack bergauf steigenden Pfad. Wir passieren schnaufend ein gefährlich steil wirkendes Rutschgebiet, die Fallätsche. Nach der Waldhütte erwartet uns der nächste Aufstieg, der diesmal richtig in die Beine geht. Nochmals zwei Kurven höher befinden wir uns bereits auf 700 Metern, dann führt der Pfad zur kleinen, aus Holz errichteten Teehütte Fallätschen. Sonntags hat man dort gute Chancen, ihrem Betreiber, dem Hobbygeografen Roman Koch, über den Weg zu laufen. Hauptberuflich als Informatiker tätig, hat Koch in seinem virtuellen Gipfelbuch die landesweit größte Sammlung an Wanderwegen zusammengetragen.

Dass der Weg auf den „Uezgi" zu den beliebten Routen gehört, wird beim Blick auf die Terrasse klar: Sie ist bis auf den letzten Platz mit Ausflüglern besetzt. Und drinnen herrscht Hochstimmung: Ein vom Weißwein recht beflügelter Männerchor lässt den Jahresausflug gerade mit Volksliedern ausklingen.

Die Zürcher kennen ihren Uetliberg, seine vertraute Silhouette mit dem Fernsehturm, bereits von Kindesbeinen an. Den Albisgrat, dessen nördlicher Abschnitt der Uetliberg ist, mindestens einmal in seiner vollen Länge durchlaufen zu haben, ist Pflichtschulprogramm.

Dank der Eisenbahn, die Zürich seit 1875 mit dem Berggipfel verbindet, entwickelte sich der Uetliberg rasch zu einem populären Naherholungsgebiet mit Hotel, Gaststätten und einem Aussichtsturm. Die Besucher wollten vor allem die Aussicht genießen, auf die blaue Jurakette, auf die schneebekrönten Gipfel des Säntis, die Glarner, Bündner und Berner Alpen und manchmal sogar bis zu den Höhenzügen der Vogesen und des Schwarzwaldes. Dass der an manchen Wochenenden heillos überlaufene Hügel sonst nichts zu bieten hat, will Roman Koch freilich nicht gelten lassen. „Der Uezgi zeigt sich uns lieber im Winter, im Morgennebel unter der Woche", sagt er. Wenn im Herbst Nebel die Stadt Zürich eintrübt, verkünden an den Trams Tafeln mit der Inschrift „Uetliberg hell", dass sich Besucher auf freie Sicht übers Land freuen dürfen.

Dass der gute alte Uezgi jenseits ausgetretener Pfade wirklich ein zweites Gesicht besitzt, zeigt sich beim Weg zur Claridahütte. Um dorthin zu gelangen, schaden alpine Erfahrungen keinesfalls, führt doch der Parcours stellenweise über Sandstein, den man richtiggehend abklettern muss. Gute Kondition ist auch bei unserem Abstieg über den Denzlerweg von Nutzen, da die Tritte oft sehr schmal und hoch sind.

Der Weg wurde übrigens nach dem Zürcher Bäcker Felix Denzler benannt, der die Gäste des Berggasthofs „Uto Kulm" täglich per pedes mit frischen Backwaren versorgte. Angeblich hat er die einen Kilometer lange Strecke, bei der er einen Höhenunterschied von über dreihundert Meter überwinden musste, in seinem Berufsleben 4000-mal zurückgelegt.

Schau ins Land: Auf der Wanderung zum Uetliberggipfel zeigt sich das sanfte Zürcher Umland von seiner schönsten Seite

ANREISE: Tramlinie 13, Linie 10 der Sihltal-Zürich-Uetliberg-Bahn vom Hauptbahnhof bis zur Station Uetliberg. Von dort aus zu Fuß über den Planetenweg zur Felsenegg, Standort einer Luftseilbahn. www.stadt-zuerich.ch www.romankoch.ch

VON GRÜNEN HÜGELN UND TOBENDEN WASSERN

Rheinfallgebiet – die Modernisierung der Romantik Leicht zurückgehende Besucherzahlen sollen mit Plänen zur „Attraktivierung" der allerdings schon heute sehr reizvollen Naturregion stabilisiert werden

Halte dein Herz, o Wanderer, fest in gewaltigen Händen! Mir entstürzte vor Lust zitternd das meinige fast." So bewegend schilderte der Lyriker Eduard Mörike Mitte des 19. Jahrhunderts seine Empfindungen angesichts des gewaltigen Rheinfalls, der als eine der eindrücklichsten Naturerscheinungen Europas immer wieder in Kunst und Literatur verewigt wurde. Im Zeitalter der Romantik begaben sich im Schnitt bis zu 2000 Reisende jährlich nach Neuhausen, um das Spektakel zu bewundern. Dank der Rheinfallbahn, die seit 1857 Schaffhausen mit Winterthur verbindet, stieg die Besucherzahl bis in die jüngste Zeit auf knapp 1,5 Millionen an.

Obschon die Rheinfall-Gemeinde wuchs und einige Hotels entstanden, bietet sich den Besuchern ein kaum verändertes Landschaftsbild. Noch immer thront Schloss Laufen mit seinen Stapfelhausfassaden wie ein Adlerhorst auf einem Felsen der Zürcher Uferseite, bis an den Rhein hinab erstreckt sich dichter Wald. Links davon überspannen die mächtigen Bögen der alten Eisenbahnbrücke Vater Rhein.

Dass die moderne Panoramaterrasse am Fuße seines Gegenstücks auf der anderen Flussseite, der Wasserburg Schlösschen Wörth, nicht unbedingt zur Verschönerung des trutzigen Baudenkmals beigetragen hat, lässt sich nicht bestreiten. Wo aber bietet sich ein großartigerer Rundblick über Europas bekanntesten Wasserfall als von dieser Betonfläche aus?

Das Panorama muss man sich jedoch im Sommer erst einmal verdienen. Oft sind die Parkplätze bei den Schlössern, in denen heute Restaurants untergebracht sind, hoffnungslos überfüllt. Ständig quellen Heerscharen von Besuchern aus den Reisebussen und strömen durch das Portal von Schloss Laufen, einzig getrieben vom Bedürfnis, die tosenden Wassermassen endlich in natura vor sich zu haben. Nach der Kasse führt ein schmaler Steintreppenweg in die Tiefe hinunter. Bevor man die gewaltige Kaskade, deren Wassermassen aus einer Höhe von 23 Meter in die Tiefe rauschen, aus nächster Nähe zu Gesicht bekommt, kann man sie hören.

Die Aussichtsplattform „Kaenzeli" überragt keck den Wasserfall, hier spritzt den Ankömmlingen ordentlich Gischt entgegen. Dennoch harren die Besucher aus aller Herren Länder tapfer im feinen Sprühregen aus und gruppieren sich für die obligatorischen Erinnerungsfotos mit dem Rheinfelsen im Hintergrund. Mutige, die noch näher auf Tuchfühlung gehen wollen, begeben sich anschließend an Bord von Aussichtsbooten, die sich über das Kolkbecken an den Wasserfall heranarbeiten.

Mythen und Legenden ranken sich um den Katarakt, die Helden sind oft Fischer, deren Boote in einem Moment der Unachtsamkeit vom Sog des Wasserfalls erfasst und in die Tiefe gerissen wurden. Dennoch überlebten sie auf wundersame Weise. Nicht nur die Wissenschaft, die den Großen Laufen, wie der Rheinfall früher genannt wurde, gründlich erforscht hat, trug zu seiner Entzauberung bei. In den vergangenen Jahren haben durchtrainierte Wassersportler mehrfach bewiesen, dass man die gefährliche Abfahrt unbeschadet überstehen kann.

Am Steuer eines der Passagierschiffe steht Kurt Stalder, er versieht seinen Dienst schon seit 25 Jahren. Von Schlösschen Wörth aus nimmt der bedächtige Kapitän Kurs auf den Rheinfelsen mit Aussichtsplattform und Schweizerfahne. Dass die Besucherzahlen in den vergangenen Jahren um jährlich rund 20000 auf 1,2 Millionen zurückgegangen sind, weiß natürlich auch Kurt Stalder. Jetzt will eine Interessengemeinschaft die „Attraktivierung des Rheinfallgebiets" voran treiben. Nur zuzuschauen, wie die Wassermassen in die Tiefe rauschen, reicht wohl nicht mehr, und deswegen planen die Verantwortlichen die Anlage eines Fischparks, eines Lernpfads „Wasser und Energie" sowie einen „Weg der Stille".

Nah am Wasser gebaut: die Aussichtsterrasse unterhalb des Schlosses Laufen

Dass sich damit der gegenwärtige Trend umkehren lässt, davon ist Kapitän Stalder nicht wirklich überzeugt. „Unser größter Trumpf ist doch der Rheinfall und eine ziemlich gut erhaltene Naturlandschaft", sagt er. „So eine Art künstliches Disneyland-Rheinfallgebiet, das brauchen wir hier wirklich nicht."

ANREISE: Von Zürich auf der N4 nach Schaffhausen, dann nach Neuhausen. Öffentliche Verkehrsmittel: Züge halten am Schloss Laufen am Rheinfall alle halbe Stunde Richtung Schaffhausen oder Winterthur. Vom Bahnhof Schaffhausen besteht ein Busservice direkt zum Rheinfall. Sonntagsfahrten von Mai bis September mit dem Schiff vom Rheinfall bis nach Eglisau.

Zug – neuer Glanz und alte Pracht

Eingekuschelt zwischen Zürich und Luzern, liegt das kleine Städtchen Zug, beliebt wegen seiner kleinen, aber feinen Altstadt, der modern leuchtenden Kunst am Bahnhof – und seiner liberalen Steuerpolitik

Jedes Zuger Kind kennt die wackere Greth Schell, die stets am Rosenmontag ihren großen Auftritt hat. Man mag die arme Frau nicht beneiden um ihre Lebenslast, die sie an diesem Tag mitten durch die johlende Menschenmenge in der Altstadt schleppt: Es ist ein Tragkorb, in dem ihr sturzbetrunkener Gatte seinen Rausch ausschläft, begleitet von sieben tanzenden Narren, die auch schon viel zu viel gebechert haben. Sie halten zudringliche Kinder mit Stecken, woran sie Schweinsblasen befestigt haben, auf Distanz, manchmal verteilen sie auch Leckereien.

Kaum ein Brauchtum in der Schweiz ist ursprünglicher und wilder als die Zuger Fasnacht, vor einem Jahrhundert in dieser Form eingeführt und von den Zünften der Schreiner, Drechsler und Küfer sorgsam gepflegt. Man könnte sich gar keine passendere Kulisse für die derben Narrenstreiche vorstellen als die Altstadt von Zug, die von ihren Einwohnern liebevoll „Dorf" genannt wird.

Wahrzeichen der Altstadt ist der mit einer eleganten astronomischen Uhr verzierte Zytturm, ein massiver Wehrbau, der auch als Gefängnis genutzt wurde. Über den beiden turmförmigen Erkern erhebt sich ein in den Stadtfarben Blau und Weiß gehaltenes steiles Walmdach. Aus luftiger Höhe musste der Föhnwächter bei heftigen Südwestwinden einst die Stadt nach möglichen Brandherden absuchen und bei Feuer Alarm schlagen.

Der einst unberechenbare See, an dessen Ufer heute eine von Straßencafés gesäumte Promenade verläuft und eine Volière voller Zug-Vögel, hat den Zugern freilich auch manchen Schicksalsschlag versetzt. Gut ein Drittel der Stadt versank 1435 im Wasser, 1887 schlugen die Naturgewalten nochmals zu und verschlangen die Vorstadt. Nur zwei mittelalterliche Gassenzüge sind erhalten. Weil die ersten Stockwerke der gedrungenen Wohnhäuser gefährlich weit vorspringen, wirken die engen Gassen stets etwas düster.

Dass der Stadt im ausgehenden Mittelalter das nötige Kleingeld nicht gefehlt hat, bezeugt das prunkvoll verzierte ehemalige Kaufhaus in der Unteraltstadt. Und auch für das Rathaus und den spätgotischen Bürgersaal griffen die Zuger tief in die Tasche.

Auch heutzutage verstehen es die Zuger, Geld anzuziehen. Aufgrund günstiger Steuersätze verlegen viele Firmen, auch aus dem Ausland, ihren Hauptsitz an die kleine Stadt am See, die in manchem wie eine Miniaturausgabe von Zürich wirkt. „Auf diese Weise ist unser Steueraufkommen allmählich gestiegen, und das hat uns erlaubt, die Steuerlast für normale Unternehmen, aber auch für Private zu senken", erklärt der sozialdemokratische Stadtpräsident Dolfi Müller. Modernes Aushängeschild ist das Einkaufs- und Dienstleistungszentrum „Metalli" auf dem Gelände einer ehemaligen Metallwarenfabrik, deren Fläche fast so groß ist wie die Altstadt.

Edle Natursteine verkleiden ehemalige Produktionshallen, dahinter liegen Büros, Wohnungen und Läden, darunter Luxusboutiquen und edle Restaurants. „Wir haben 25 000 Einwohner und können 25 000 Arbeitsplätze vorweisen", sagt der Stadtpräsident selbstbewusst. Neuester Coup der Stadt ist der fünfstöckige Bahnhof mit Glasfassade und Hallendach. Der US-Lichtkünstler James Turrell brachte das 2003 eröffnete Gebäude zum Strahlen: Die sich farblich peu à peu verändernde Beleuchtung symbolisiert den allmählichen Übergang von der Dämmerung bis zur Nacht.

ANREISE: Von Zürich aus zunächst auf der N 53, dann N 14 Richtung Luzern. Mit der Bahn ab Zürich Hauptbahnhof ist Zug in einer knappen halben Stunde zu erreichen. Die Züge fahren etwa alle 30 Minuten. www.stadtzug.ch

Hoch über die Dächer der Altstadt ragt der Zytturm mit seiner astronomischen Uhr empor. Er ist das Wahrzeichen der kleinen Stadt am See

Sihlwald – Wildnis am Rande der Großstadt Nur zwölf Kilometer vom Zürcher Zentrum entfernt, verwandelt sich der früher intensiv genutzte Laubmischwald seit 1996 in einen Naturwald – ein Paradies für Stadtgestresste

Es dauert eine Weile, bis sich das Auge an das Halbdunkel im Wald gewöhnt hat. Die ausgeschilderten Wanderpfade durch den Sihlwald hinter sich lassend, taucht der Besucher auf seinem Weg zum dunklen Herz der Waldwildnis ab in eine merkwürdige Welt. Immer wieder stößt er auf Barrieren aus Dornengestrüpp. Auf kreuz und quer liegenden Baumstämmen wachsen dicke Moospolster, die bezeugen, dass Naturgewalten die allmählich zerfallenden Giganten schon vor geraumer Zeit gefällt haben. Daneben gedeihen auf dem Boden Lungenkraut, Aronstab und Zahnwurz. So sahen weite Teile Europas, das einst von Urwald überzogen war, im frühen Mittelalter aus.

Lediglich zwölf Autokilometer vom Zürcher Paradeplatz entfernt, empfängt diese grüne Kathedrale den Eindringling mit einer unheimlichen Stille. Schon ein knackender Ast vermag Herzklopfen auszulösen. Nur monotones Insektensummen, hier und da der Ruf eines Kuckucks und das Hämmern eines Spechts ganz in der Nähe vermitteln das Gefühl, in diesem Dschungel doch nicht ganz allein zu sein. Es riecht nach nasser Erde und frischem Bärlauch, Waldbeeren und Pilzen.

Seit Mitte der 1990er Jahre hält sich der Mensch aus dem Sihlwald bewusst heraus, seither erholt sich der Wald und der Mensch in ihm. Fast ein halbes Jahrtausend lang wurde der heute größte geschlossene Laubmischwald des Schweizer Mittellandes intensiv genutzt. Seit 1876 ging der Holztransport, der früher über das Flüsschen Sihl bewältigt wurde, wesentlich leichter vonstatten: Man baute eine 26 Kilometer lange Eisenbahnstrecke, einzelne Trassenabschnitte dieser längst stillgelegten Anlage, die allmählich unter der Vegetation verschwindet, kann man auch heute noch erkennen.

Dass der Sihlwald, der überwiegend aus Buchen besteht, sich selbst überlassen wurde, ist das Verdienst des ehemaligen Zürcher Stadtforstmeisters Andreas Speich. „Man braucht den Menschen im Wald nicht immer", lautete sein Credo, mit dem er Mitte der achtziger Jahre an die Öffentlichkeit trat. Mit seiner Vorstellung, den Wald nicht mehr zu bewirtschaften, stieß Speich zunächst auf Unverständnis. Aber Speich ließ sich nicht entmutigen. Mit Beharrlichkeit und Geduld gewann er immer mehr Verbündete.

Nachdem die Sihlwaldgemeinden Teile ihres Waldbesitzes zur Verfügung gestellt hatten, konnte das Projekt in den neunziger Jahren starten. „Gerade im Einzugsgebiet von Großstädten, deren Bewohner immer mehr die Verbindung zur Natur verlieren, erlaubt so ein Wald den Menschen, die Natur wieder zu fühlen, zu leben und schätzen zu lernen", bekräftigt Speich, der heute häufig in andere Länder eingeladen wird, um bei Waldrenaturierungsvorhaben mit Rat und Tat zur Seite zu stehen.

Heute umfasst die nicht mehr bewirtschaftete Kernzone des Sihlwaldes eine Fläche von acht Quadratkilometern. Einst unter die Erde verbannte Bachläufe hat man inzwischen freigelegt und renaturiert. Bis sich der Sihlwald allerdings in einen echten Urwald zurückverwandelt hat, werden noch einige Jahrhunderte vergehen. Da die älteren und großen Bäume überwiegend gefällt worden waren, fehlen sie in der Altersstruktur des ökologisch jungen Waldes. Nur an Steilhängen oder in schwer zugänglichen Schluchten stößt man noch auf solche beeindruckenden Methusalems.

Der grüne Himmel vor den Toren der Stadt – zurück zur Natur ist im Sihlwald das Motto für Bäume und Menschen

Steilhänge und Plateaus, Schluchten und trockene Gebiete prägen das abwechslungsreiche Erscheinungsbild des Sihlwaldes, auch Hochmoore und Quellsümpfe gehören dazu.

Welche ökologische Rolle der Sihlwald übernimmt, erfahren Besucher im Naturzentrum Sihlwald in der ehemaligen Bahnstation. Schulklassen haben mit ihren Lehrern gerade den Themengarten entdeckt und den zwei Kilometer langen Erlebnispfad erfolgreich bewältigt. Nun folgt die kulinarische Krönung ihrer Exkursion in die Wildnis: Wie bei solchen Ausflügen üblich, hat sich die lärmende Kinderschar um eine Feuerstelle gruppiert und sorgt mit ihren Cervelatwürsten für eine weitere, durchaus angenehme Geruchskomponente. □

ANREISE: Vom Hauptbahnhof Zürich in 25 Minuten mit der Sihltalbahn (SZU, S4) zu erreichen. Naturzentrum Sihlwald, Sihltalstraße 1684, Sihlwald. Wald und Walderlebnispark sind ganzjährig zugänglich, das Naturzentrum von Ende März bis Ende Oktober Di bis Sa 12-17.30 Uhr, So 9-17.30 Uhr. Eintritt 6 Fr. Familien 14 Fr. www.sihlwald.ch

ÜBER DSCHUNGELPFADE UND DURCH GASSENGEWIRR

BILDNACHWEIS
Anordnung im Layout:
o=oben, u=unten, r=rechts
l=links, m=Mitte.
Titel: Arthur F. Selbach; S.3 l Michael Müller, ro Suzanne Schwiertz, m Katja Hoffmann/laif; S.4/5 o A. F. Selbach, S.4 m Phillip Koschel, u Anne Gabriel-Jürgens, S.4/5 m P. Koschel, S.5 mr A. Gabriel-Jürgens, u A. F. Selbach; S.8 o, u P. Koschel, S.8 m picture-alliance -dpa/Eddy Risch/Keystone S.10 o aus Zürich by Mike, Band 10, 2006 Verlag bbb Edition Moderne AG, Zürich, u picture-alliance/dpa/ Keystone; S.12/13, 14, 15, 16 o, 17, 18/19, 20/21, 22 o, 24/25, 27 A. F. Selbach; 16 u P. Koschel, S.22 u Travelstock44 /Look-Foto, S.23 Elan Fleisher/Look-Foto; S.30/31, 33 rm, u, 34 m, 36 A. F. Selbach; S.32, 33 ro, lo, 34 ro, lo, 35 P. Koschel; S.38 A. F. Selbach, S.39 bis 42 Frank Taubenheim; S.44/45 bis 50 A. F. Selbach; S.52/53 Daros Collection, Daros- Latinamerica Collection, Switzerland; S.54 o Stefan Altenburger, u Eric Nathan/Alamy; S.55 Kunsthalle Zürich/A.Burger/ mit freundlicher Genehmigung des Künstlers und Galerie Eva Presenhuber, Zürich; S.56 Paul McCarthy/Hauser & Wirth; S.57 Eddy Risch/Keystone; S.58 P. Koschel; S.60 Baugeschichtliches Archiv/Eduard Spelterini; S.61 DESAIR- Images/Heinz Leuenberger; S.62 bis 68 A. Gabriel-Jürgens; S.70/71 bis 80 P. Koschel; S.78 r Suzanne Schwiertz; S. 84/85, 86 u, 88 u A. F. Selbach; S.86 lo. ro, S.88 lo, ro A. Gabriel-Jürgens; S.89 RDB Bildarchiv/SI/Herve Le Cunff; S.90 Fritz Eschen/Thomas Mann Archiv/Keystone, 91 lo Akademie der Künste/Berthold Brecht Archiv/mit freundlicher Genehmigung von Hermi Steckel, S.91 mo Carl Seelig/Robert Walser Stiftung/Keystone, S.91 ro Carola Giedion-Welcker/Zuercher James Joyce Stiftung/Keystone, S.91 m Dichter-und Stadtmuseum Liestal/ Herwegh-Archiv; S.92 Catalin Dorian Florescu; S.94-96 Doris Fanconi/ Tagesanzeiger; S.98/99, 100, 101, 105 Arthur F. Selbach; S.102/103 Christof Sonderegger/swiss-image.ch; S.104 A. Gabriel-Jürgens; S.106 Jens Küsters, S.107 Alessandro Della Bella/picture-alliance/dpa; S.109 A. F. Selbach; S.110 Michael Sengers; S.112, 116, 118, 120 u, 124, 128 A. F. Selbach, S.120 o, 122, 126 o Evelyn Rois & Bruno Stubenrauch; S.134 Gesche M. Cordes; S.138 o Osports/picture-alliance, lu Sigi Martin, ru Oliver Bolch.

Das Titelbild mit der Partie an der Limmat fotografierte Arthur F. Selbach

MERIAN

Heft 06/2008, Juni, Erstverkaufstag dieser Ausgabe ist der 29.05.2008
MERIAN erscheint monatlich im Jahreszeiten Verlag GmbH, Poßmoorweg 2, 22301 Hamburg
Telefon 040/27 17-0 **Anschrift der Redaktion:** Postfach 601728, 22217 Hamburg
Telefon 040/27 17-26 00, Fax 040/27 17-26 28, E-Mail: redaktion@merian.de
Leser-und Aboservice: Postfach 601220, 22212 Hamburg, Tel. 040/87 97 35 40, Fax 040/27 17-20 79
Syndication: www.jalag-syndication.de
GourmetPictureGuide: Stefanie Lüken, Telefon 040/27 17-20 02, Fax 040/27 17-20 89, www.gourmetpictureguide.de
Internet: www.merian.de

Herausgeber: Manfred Bissinger
Chefredakteur: Andreas Hallaschka **Stellvertretender Chefredakteur:** Hansjörg Falz
Art Directorin: Sabine Lehmann **Chef vom Dienst:** Tibor M. Ridegh
Redakteure: Roland Benn (freie Mitarbeit), Anja Haegele (freie Mitarbeit), Thorsten Kolle (freie Mitarbeit) Kathrin Sander, Charlotte von Saurma **Schlussredaktion:** Tibor M. Ridegh, Jasmin Wolf
Layout: Cornelia Böhling, Ingrid Koltermann (Schlussgrafik), Dorothee Schweizer (stellv. Art Directorin)
Bildredaktion: Hanni Rapp, Eva M. Ohms **Redakteur dieses Heftes:** Thorsten Kolle
Bildredakteurin dieses Heftes: Eva M. Ohms **Kartographie:** Peter Münch **Dokumentation:** Jasmin Wolf, Sebastian Schulin (freie Mitarbeit), Stefanie Plarre (freie Mitarbeit), Ulrike Schimming (freie Mitarbeit),
Mitarbeit: Helmut Golinger, Christina Achtert, Julia Braune, Jonas Morgenthaler **Herstellung:** Karin Harder
Redaktionsassistenz: Sabine Birnbach, Katrin Eggers
Geschäftsführung: Joachim Herbst, Dr. Jan Pierre Klage, Peter Rensmann, Hermann Schmidt
Verlagsleitung Premium Magazine: Oliver Voß
Group Head Anzeigen Premium Magazine: Roberto Sprengel **Anzeigenleitung:** Christel Janßen
Anzeigenstruktur: Patricia Hoffnauer **Marketing:** Kenny Machaczek, Ulrich Rieger, Sonja Wünkhaus
Vertriebsleitung: Jörg-Michael Westerkamp (Zeitschriftenhandel), Frank H. Häger (Buchhandel)
Verantwortlich für den redaktionellen Inhalt: Andreas Hallaschka
Verantwortlich für Anzeigen: Roberto Sprengel

Verlagsbüros Inland: Hamburg: Tel. 040/27 17-25 95, Fax -25 20, E-Mail: vb-hamburg@jalag.de
Berlin + Hannover: Tel. 0511/85 61 42-0, Fax -19, E-Mail: vb-hannover@jalag.de
Düsseldorf: Tel. 0211/901 90-0, Fax -19, E-Mail: vb-duesseldorf@jalag.de
Frankfurt: Tel. 069/97 06 11-0, Fax -44, E-Mail: vb-frankfurt@jalag.de
Stuttgart: Tel. 07 11/966 66-520, Fax -22, E-Mail: vb-stuttgart@jalag.de
München: Tel. 089/99 73 89-30, Fax -44, E-Mail: vb-muenchen@jalag.de

Repräsentanzen Ausland:
Basel: Intermag AG, Tel. +41 61/275 46-09, Fax-10, E-Mail: info@intermag.ch
London: The Powers Turner Group, Tel. +44 20/7630 99 66, Fax 76 30 99 22, E-Mail: cweiss@publicitas.com
Mailand: Media & Service International Srl, Tel. +39 02/48 00 61 93, Fax 48 19 32 74, E-Mail: info@it-mediaservice.com
Paris: International Magazine Company, Tel. +331/53 64 88 91, Fax 45 00 25 81, E-Mail: imc@international.fr
Madrid: Alcála Media International Media Representation, Tel. +34 91/326 91 06, Fax -07, E-Mail: alcalamedia@retemail.es
Wien: Publimedia Internationale Verlagsvertretungen GmbH, Tel. +431/215 30, Fax 212 16 02
E-Mail: ppn-vienna@publicitas.com
New York: The Russell Group Ltd., Tel. +12 12/213 11-55, Fax -60, E-Mail: info@russellgroupltd.com

Die Premium Magazin Gruppe im Jahreszeiten Verlag

A&W Architektur & Wohnen COUNTRY DER FEINSCHMECKER WEIN Gourmet MERIAN

Gültige Anzeigenpreisliste: Nr. 40
Das vorliegende Heft Juni 2008 ist die 6. Nummer des 61. Jahrgangs.

Preis im Abonnement im Inland monatlich 6,37 € inklusive Zustellung frei Haus. Der Bezugspreis enthält 7% Mehrwertsteuer. Auslandspreise auf Nachfrage. Postgirokonto Hamburg 132 58 42 01 (BLZ 200 100 20)
Commerzbank AG, Hamburg, Konto-Nr. 611657800 (BLZ 200 400 00)
Führen in Lesemappen nur mit Genehmigung des Verlages. Printed in Germany

Weitere Titel im Jahreszeiten Verlag: Für Sie, petra, vital, PRINZ, A&W Architektur & Wohnen, COUNTRY, DER FEINSCHMECKER, WEINGourmet, schöner reisen, Zuhause Wohnen, selber machen
Litho: Alphabeta Druckformdienst GmbH, Hamburg. Druck und Verarbeitung: heckel GmbH, Nürnberg,
ISBN: 978-3-8342-0806-4, ISSN 0026-0029 MERIAN (USPS No. 011-458) is published monthly.
The subscription price for the USA is $ 110 per annum. K.O.P.: German Language Publications, Inc., 153 South Dean Street, Englewood NJ 07631. Periodicals postage is paid at Englewood NJ 07631, and at additional mailing offices. Postmaster: send address changes to: MERIAN, German Language Publications, Inc. 153 South Dean Street, Englewood NJ 07631.

JAHRES ZEITEN VERLAG
Ein Unternehmen der
GANSKE VERLAGSGRUPPE

TEXTE **Angela Müller Meinherz** REDAKTIONSSCHLUSS **April 2008**

MERIAN

SEHENSWERT SHOPPING ESSEN & TRINKEN ÜBER NACHT GESCHICHTE KARTEN BÜCHER

TIPPS Das sollten Sie bei einem Besuch in Zürich unbedingt gesehen haben

>> **Grossmünster** Mit ihren Doppeltürmen ist die Kirche das Wahrzeichen der Stadt. Vom Karlsturm aus, den man über 187 Stufen erreicht, bietet sich ein wunderbarer Ausblick über Zürich und den See.

>> **Bahnhofstrasse** Die exklusive und weltbekannte Einkaufsmeile erstreckt sich vom Hauptbahnhof bis zum See. Shopping-Fans finden hier u.a. Filialen großer Designer- und Modemarken sowie eine Vielzahl erstklassiger Juweliere und Uhrmacher.

>> **Halle des Hauptbahnhofs** Ein architektonisches Prunkstück aus dem Jahre 1871, in dem neben Kunst von Mario Merz und Niki de Saint Phalle auch ein riesiger an der Decke hängender Lichtquader mit dreidimensionalem Farbdisplay die Blicke auf sich zieht.

>> **Polyterrasse** Das knallrote Polybähnchen braucht nur wenige Minuten, um zur Polyterrasse der ETH zu gelangen. Die Aussicht über die Stadt und die Alpen ist einmalig.

>> **Landesmuseum** Gleich hinter dem Hauptbahnhof liegt in einem schönen Park der imposante, historistische Bau aus dem Jahre 1898. Zu sehen ist u.a. die größte kulturgeschichtliche Sammlung der Schweiz.

>> **Sternwarte Urania** Der 2007 zum 100-jährigen Jubiläum renovierte Kuppelbau ist nicht nur für einen Blick in die Unendlichkeit des Weltalls zu empfehlen: Von der romantischen Bar „Jules Verne" aus liegt das überschaubare Zürich den Besuchern zu Füßen.

>> **Zoo Zürich** Rund 4000 Tiere (360 Arten) werden hier in zum größten Teil naturnahen Lebensräumen gezeigt. Einzigartig ist die Masoala-Regenwaldhalle, in der Flora und Fauna in einem Stück originalgetreuen madagassischen Urwalds aufgezogen werden.

>> **Niederdorf** Charmantes Altstadtquartier mit vielen mittelalterlichen Häusern, Restaurants, Bars, Modeboutiquen und Bücherantiquariaten. Abends wird das Niederdörfli zur lebensfrohen Ausgehmeile.

Eine Rundtour mit dem Raddampfer auf dem Zürichsee lässt die Fahrgäste die Stadt und die Umgebung neu erleben

Foto: Arthur F. Selbach

MERIAN | BOTANISCHER GARTEN

Wo Orchideen und Kakteen blühen

Exotische Vegetationszonen mitten in der Stadt

Ob im Frühling die Frösche im Teich quaken, im Sommer die Pflanzenwelt in voller Pracht erblüht, im Herbst das Laub raschelt oder im Winter die Kuppelgewächshäuser Tropenwärme spenden, der Botanische Garten im Seefeldquartier gehört zu den schönsten und lauschigsten Anlagen in Zürich.
Rund 9000 Pflanzenarten sind zu bestaunen, Teiche und Themengärten entführen in fremde Welten; zum Beispiel der Mittelmeergarten mit seinen vielfältigen Düften oder das Alpinum mit Gebirgspflanzen aus mehreren Kontinenten.
Der Park ist ein Treffpunkt für Jung und Alt, Studenten, Rentner und Eltern mit ihren Kindern genießen die grüne Oase gleichermaßen. Im Sommer laden so genannte Landistühle zum Ausruhen ein. Die silberfarbenen Designstühle aus den 30-er Jahren stehen vereinzelt oder in Gruppen auf der grünen Wiese.
Markant sind die drei Kuppel-Schauhäuser mit dem filigranen Aluminiumrohrnetz, welches die Kunststoffverglasung trägt. Drinnen wachsen frost-empfindliche Pflanzen aus der ganzen Welt.
Im Tropenhaus ist das Klima des Regenwaldes bestimmend, im Sommer beträgt die Temperatur 25 Grad bei einer Luftfeuchtigkeit von 80 Prozent. Orchideen oder Nutzpflanzen wie Kakao und Bananen sind hier zu Hause. Ebenso warm wie im Tropenhaus ist es im Savannenhaus, aber die Luftfeuchtigkeit ist nicht so hoch. Dort kommen Kakteenfreunde auf ihre Kosten.

Futuristisch: Wie Raumschiffe wirken die runden Gewächshäuser

(F 8) Botanischer Garten, **Zollikerstrasse 107**
Garten: *März bis September Mo-Fr 7-19, Sa-So 8-18 Uhr, Oktober bis Februar Mo-Fr 8-18, Sa-So 8-17 Uhr*
Schauhäuser: *März bis September Mo-Fr 9.30-16, Sa/So 9.30-17 Uhr, Okt. bis Feb. täglich 9.30-16 Uhr*
(a 2) Alter Botanischer Garten **an der Pelikanstrasse/Talstrasse**
Apr.-Sept. tgl. 7-19 Uhr, Okt.-März tgl. 8-18 Uhr
freier Eintritt in beide Gärten
www.bguz.unizh.ch

(b/c 2) **Augustinergasse**
Eine reizvolle Gasse im Herzen der Altstadt, flankiert von historischen Häusern. Sie endet auf dem St.-Peterhofstatt. Der Platz ist eine kleine Oase der Ruhe. Im Haus „Zur Reblaube" besuchte 1779 Goethe seinen Freund, den Theologen Johann Caspar Lavater.

(b/c 2) **Augustinerkirche**
Die gotische Augustinerkirche wurde in der 2. Hälfte des 13. Jhs. von den Augustiner-Eremiten erbaut. In der Reformation wurde sie zu einer Trotte (Kelterraum) und zur Münzstätte umgenutzt. Seit 1842 ist sie wieder im Besitz der katholischen Kirche. Sie wurde in den 1950er Jahren vollständig renoviert.
Münzplatz
Mo-Fr 10-17, Sa 12-17 Uhr
Gottesdienst So 10 Uhr

(D 6/7) **Bahnhof Stadelhofen**
Die Bahnhofunterführung des spanischen Stararchitekten Santiago Calatrava gleicht ein wenig einem riesigen Reptil aus Beton und Stahl. Zahlreiche kleine Geschäfte lassen aber kein echtes Grausen aufkommen. Das spätklassizistische Hauptgebäude stammt aus dem Jahre 1884.

(b 1-5) **Bahnhofstrasse**
Die Zürcher Luxus-Einkaufsmeile verbindet den Hauptbahnhof via Paradeplatz mit dem Zürichsee. Die 1,2 Kilometer lange Straße, die nur von Trams befahren wird, ist gesäumt mit exquisiten Bijouterien, Juwelieren, Modegeschäften und Warenhäusern. Am Paradeplatz haben große Schweizer Banken ihren Hauptsitz oder eine Niederlassung. Die Bahnhofstrasse entstand in der 2. Hälfte des 19. Jhs. Wo bis vor wenigen Jahren nur exklusivste und teuerste Geschäfte waren, ist ein Wandel spürbar: Auch günstigere Mode- und Accessoires-Shops haben mittlerweile Einzug gehalten und machen das Einkaufen an der autofreien Bahnhofstrasse erschwinglicher. Faustregel: Je näher beim See, desto nobler werden die Geschäfte.
www.bahnhofstrasse-zuerich.ch

(E 8/9) **Heidi-Weber-Haus / Centre Le Corbusier**
Ein Muss für alle Architektur-Fans: das letzte Gebäude, das nach den Plänen des Schweizer Architekten Le Corbusier (1887-1965) im Jahr 1967 errichtet wurde. Bauherrin war Heidi Weber. Das farbenfrohe Gebäude mit Stahl und Glaselementen dient als Museum und Ausstellungspavillon und liegt in der Nähe des Zürichhorns.
Höschgasse 8
www.lecorbusier-center.com
Juli-Sept. Sa, So 14-17 Uhr

(E 9) **Chinagarten**
Der Chinagarten ist ein Geschenk der chinesischen Partnerstadt Kunming an die Zürcher Bevölkerung. Die Gartenanlage mit ihren verschiedenen Pavillons, Teichen und Brücken wurde 1994 eröffnet und heißt „Drei Freunde im Winter", womit Bambus, Föhre und Winterkirsche gemeint sind.
Bellerivestrasse/beim Zürichhorn
www.stadt-zuerich.ch
Mitte März bis Mitte Okt. tgl. 11-19 Uhr

(f 1) **ETH Eidgenössische Technische Hochschule**
Das Gebäude der ETH mit seiner markanten Kuppel ist schon von Weitem sichtbar und gilt als eines der bedeutendsten Bauten aus der Zeit des Historismus. Es wurde 1858-64 nach den Plänen

ie Bahnhofstrasse ist für Autos esperrt, neben dem ränkli rollt hier nur die Tram

des Architekten Gottfried Semper errichtet. Im Laufe der Zeit wurde es mehrmals erweitert und umgebaut. Architekt der Kuppel ist Gustav Gull. Die ETH verfügt über die größte öffentlich zugängliche technisch-naturwissenschaftliche Bibliothek der Schweiz. Die Hochschule kann ohne Weiteres betreten und besichtigt werden.
Rämistrasse 101
www.ethz.ch

(c 3/4) **Fraumünsterkirche**
Am Münsterhof bei der Limmat steht mit der Fraumünsterkirche eines der bedeutendsten Bauwerke der Stadt, berühmt vor allem wegen der wunderschönen Fenster von Marc Chagall. Die Kirche und das Frauenkloster wurden im 9. Jh. von Ludwig dem Deutschen, einem Enkel Karls des Großen, gestiftet. Der Legende nach zeigte ein Hirsch mit leuchtendem Geweih Ludwigs Töchtern Hildegard und Berta diese Stelle. Hildegard wurde erste Äbtissin des Klosters. Das Fraumünster war ein Benediktinerinnen-Stift. Gegen Zahlung einer Mitgift durften Frauen des süddeutschen Hochadels hier leben, sie waren aber frei, wieder auszutreten und zu heiraten. Im Zuge der Reformation übergab Äbtissin Katharina von Zimmern Kirche und Kloster der Stadt. Sie selbst trat aus dem Kloster aus und heiratete einen Ritter. Die Kirche hat einen romanischen Chor und ein gotisches Querschiff aus dem 13. Jh. Besonders sehenswert sind die Fenster: Fünf im Chor und eine Rosette im Querschiff wurden 1970 und 1978 von Marc Chagall gestaltet. Ein weiteres bemerkenswertes Glasfenster ist „Das himmlische Paradies" (1945) des Schweizer Malers Augusto Giacometti im nördlichen Querschiff. Die Orgel des Fraumünsters ist mit 5793 Pfeifen die größte des Kantons Zürich. In den Jahren 2006 bis 2007 wurde die Kirche renoviert. Im Kreuzgang befindet sich ein Freskenzyklus von Paul Bodmer zur Gründung des Fraumünsters, in dem auch der Hirsch und die Schwestern Hildegard und Berta dargestellt sind.
Am Münsterhofplatz
www.fraumuenster.ch
Apr.-Okt. Mo-Sa 10-18
So 11.15-18 Uhr, Nov.-März Mo-Sa 10-16, So 11.15-16 Uhr
(Ausnahme Festgottesdienste)

Friedhöfe
Der Friedhof Sihlfeld (A 5) war der erste bürgerliche Friedhof und wurde 1877 als Zürcher Zentralfriedhof im Sihlfeld eingerichtet. Er ist die letzte Ruhestätte z. B. von August Bebel, Henry Dunant, Richard Paul Lohse, Gottfried Keller, Johanna Spyri und anderen berühmten Persönlichkeiten. Auf dem Friedhof Fluntern (G 4), beim Zoo, liegen u.a. Elias Canetti, Therese Giehse und James Joyce begraben. Der Schriftsteller Georg Büchner, der 1837 im Alter von 23 Jahren verstarb, fand auch nach seinem Tod keine Ruhe. Er wurde auf dem Krautgarten-Friedhof hinter dem Kunsthaus (e/f 4) beigesetzt. Als dieser geräumt wurde, musste seine Grabstätte versetzt werden. Seit 1875 liegt Büchner nun an der Germaniastrasse, bei der Station Rigiblick (E 3).
Sihlfeld: Aemtlerstrasse 151
Fluntern: Zürichbergstr. 189
www.stadt-zuerich.ch

(b 5) **Ganymed-Denkmal**
Die riesige Bronzeplastik steht direkt am Zürichsee und zeigt den schönen Königssohn Ganymed aus der griechischen Sagenwelt, dem sich Zeus als Adler nähert. Der Göttervater entführte den jungen Mann zu sich in den Olymp. Das Zürcher Kunstwerk wurde 1952 von dem Bildhauer Hermann Hubacher geschaffen. Ob mit der Plastik allein die menschliche Sehnsucht nach dem Siebten Himmel oder ob damit der gleichgeschlechtlichen Liebe ein Denkmal gesetzt wurde, gilt als umstritten.
Bürkliplatz

(d 3/4) **Grossmünster Zürich**
Die charakteristischen Doppeltürme des Grossmünsters sind das Wahrzeichen der Stadt. Die reformierte Kirche steht auf einer Anhöhe in der verwinkelten Altstadt, dem Oberdorf. Der Legende nach entdeckte Karl der Große die Gräber der Stadtheiligen Felix und Regula und ließ einen Chorherrenstift mit Kirche erbauen. Das heutige Münster entstand zwischen 1100 und 1250. Unter dem Reformator Huldrych Zwingli und seinem Nachfolger Heinrich Bullinger wurde das Grossmünster zum Ausgangspunkt für die Reformation im deutschschweizerischen und süddeutschen Raum. Die damals dem Stift angeschlossene theologische Schule wurde

Große Kunst im Grossmünster: Der Schweizer Maler Augusto Giacometti gestaltete die Chorfenster in den Jahren 1932/33

zur Keimzelle der Universität Zürich, und noch heute finden die Lizentiatsfeiern der Universität Zürich im Grossmünster statt. Als besonders sehenswert gelten die romanische Krypta, die romanischen Kapitelle und die Chorfenster von Augusto Giacometti (1932/33) sowie die Bronzetüren von Otto Münch (1935-38 und 1950). Das Reformationsmuseum im Kreuzgang ist für Besucher ebenso zugänglich wie das Münster, am Wochenende aber geschlossen. Ganz besonders lohnt es sich, die 187 Stufen auf den Karlsturm zu steigen: Von oben hat man einen tollen Blick auf die Altstadt, die City, das Seebecken, und an Tagen mit klarer Sicht sieht man die Glarner Alpen. Die Öffnungszeiten stimmen weitgehend mit denen des Münsters überein.
Grossmünsterplatz
www.grossmuenster.ch
Mitte März - Ende Okt. Mo-Sa 9-18, So 11.30-18 Uhr
Nov. - Mitte März Mo-Sa 10-17 So 11.30-17 Uhr
Gottesdienst So 10 Uhr

(C 5) Hauptbahnhof
Der größte Bahnhof der Schweiz wird täglich von rund 300 000 Reisenden und 2000 Zügen frequentiert. Die riesige Haupthalle wurde 1871 nach den Plänen von Jakob Friedrich Wanner erbaut, der Bau wurde laufend den aktuellen Bedürfnissen angepasst und vergrößert. An der Decke der Haupthalle hängt eine bunte Engelsfigur, eine Nana der Schweizer Künstlerin Niki de Saint Phalle. Der Schutzengel gehört heute zu den Hauptattraktionen der Halle, die man nur selten in ihrer vollen Pracht sehen kann, weil oft Veranstaltungen den Blick verstellen. Im Untergeschoss befindet sich die Shop-Ville mit rund 100 Geschäften, die auch sonntags geöffnet haben.

(E 9) Heureka von Jean Tinguely
Wenn es klimpert und klappert, dann ist die „Heureka" von Jean Tinguely in Schwung gekommen: Die bewegliche Skulptur aus Eisen wurde 1963/64 vom Künstler für die Schweizer Landesausstellung in Lausanne geschaffen und später am Zürichsee aufgestellt. Die „Heureka" oder Leerlaufmaschine, wie sie auch genannt wird, wird als Allegorie für die Konsum- und Industriegesellschaft verstanden, die sich in hektischer Betriebsamkeit erschöpft.
Zürichhorn

(a 5) Kongresshaus
Das im Rahmen der Schweizer Landesausstellung im Jahre 1937/1939 an die Tonhalle angebaute Gebäude gilt als einer der wichtigsten Bauten der Schweizer Moderne. Viele kulturelle und wissenschaftliche Veranstaltungen finden hier statt. Die Tonhalle weist eine ausgezeichnete Akustik auf und ist die Erste Adresse für klassische Konzerte. Im Gebäudekomplex untergebracht sind auch zwei Restaurants, ein Nachtklub und eine Disco. In den nächsten Jahren dürfte sich hier allerdings einiges ändern. Die Stadtregierung plant, ein neues größeres Kongresshaus zu bauen.
Gotthardstrasse 5
www.kongresshaus.ch

(D 4/5) Liebfrauenkirche
Auch wenn sie aussieht wie eine frühchristliche Basilika mit romanischem Campanile: Die römisch-katholische Liebfrauenkirche wurde erst 1893 gebaut, damals noch am Rande der Stadt. In der Oberkirche befindet sich ein Gemäldezyklus von Fritz Kunz (1907 und 1923), der Bildhauer Alois Payer schuf Darstellungen der 14 Stationen des Kreuzweges.
Zehnderweg 9
www.liebfrauen.ch
Mo-Sa 6-19, So 8-21 Uhr

(d 1-5) Limmatquai
Bummeln und einkaufen in der autofreien Zone: Zwischen Bellevueplatz und Central liegt das Limmatquai am Fluss. Zahlreiche Restaurants, Cafés und Boutiquen laden zum Verweilen ein. Hier befinden sich auch bedeutende Zunfthäuser, das Rathaus, die Wasserkirche und das Helmhaus.

(b 3) Paradeplatz
Der an der Bahnhofstrasse gelegene Platz ist das eigentliche Herz des Schweizer Bankwesens. An der Nordseite steht der monumentale Bau der Credit Suisse, an der Westseite eine Niederlassung der UBS. Das legendäre Schokoladenhaus Sprüngli und das Traditionshotel Savoy Baur en Ville tragen zum luxuriösen Ruf des Platzes bei. So nobel ging es allerdings nicht immer zu und her: Im 17. und 18. Jh. wurde der Platz als Schweine- und Viehmarkt genutzt. Heute ist er ein wichtiger Verkehrsknotenpunkt, hier verkehren 7 Tramlinien.

(D 5) Polyterrasse
Von der Polyterrasse der ETH hat man eine einmalige Aussicht über die Stadt. Das rote Polybähnchen, das vor allem von Studenten und Touristen genutzt wird, fährt in zwei Minuten vom Central zur ETH hinauf.

(d 3) Rathaus
Der wuchtige Bau steht direkt an der Limmat. Das Rathaus wurde 1694-98 erbaut, ist seit 1803 im Besitz des Kantons Zürich und dient als Sitz des Kantonsrats. Auch der Gemeinderat tagt hier. Das Haus im – Stil der deutschen Renaissance gehalten, wurde nicht an, sondern über die Limmat gebaut. Gut sichtbar ist dies von der Südseite, wo die beiden Tonnengewölbe einsehbar sind. Sehenswert ist das barocke Portal aus schwarzem Marmor. In letzter Zeit gibt das Rathaus Anlass zu Diskussionen, weil der Bau weder komplett behindertengerecht ist noch über einen Notausgang verfügt. Parlamentarier müssten im Brandfall über ein Gitter im Erdgeschoss direkt in die Limmat springen.
Limmatquai 61

(c 3) Sankt-Peter-Kirche
Schon von weit her sieht man am Limmatquai, wie spät es ist: Am Turm der Sankt-Peter-Kirche prangt mit 8,6 Metern Durchmesser das größte Uhren-Ziffernblatt in Europa. Die Kirche gilt als die älteste in der Stadt, sie steht neben dem ehemaligen Römerkastell Lindenhof. Zum ersten Mal schriftlich erwähnt wurde sie 857, als König Ludwig der Deutsche (ein Enkel Karls des Großen) die Kirche seinen Töchtern Berta und Hildegard zur Gründung der Fraumünster-Abtei schenkte. Die heute vorwiegend barocke Kirche hat vier teilweise sichtbare Vorgängerbauten: vorromanisch (9. Jh.), frühromanisch (10.Jh.), spätromanisch (13.Jh., Turm und Chor) und spätgotisch um 1450. Das heutige barocke Kirchenschiff entstand 1705. Es war der erste

protestantische Kirchenbau, der nach der Reformation in Zürich errichtet wurde. Sehenswert sind Grab und Denkmal des ersten Zürcher Bürgermeisters Rudolf Brun an der Außenmauer des Turms. Brun regierte Zürich von 1336 bis 1360, er hatte 1345 die Pflichten und Rechte von St. Peter erworben. Der Grabstein des Schriftstellers und Pfarrers Johann Caspar Lavater (1741–1801) befindet sich an der Kirchenmauer, ein Denkmal ist im Chor der Kirche zu besichtigen. Lavater wirkte über 20 Jahre an dieser Kirche.
St.-Peter-Hofstatt
www.st-peter-zh.ch
Mo-Fr 8-18, Sa 10-16
So 11-17 Uhr
Gottesdienst So 10 Uhr

(d 4) **Wasserkirche**
Ursprünglich lag die Kirche auf einer kleinen Insel, wo der Legende nach die Stadtheiligen Felix und Regula von den Römern hingerichtet wurden. Die heutige spätgotische Kirche wurde gegen Ende des 15 Jahrhunderts vollendet und in der Reformationszeit geschlossen. Lange Zeit fanden hier keine Gottesdienst mehr statt, ein Warenlager und eine Bürgerbibliothek zogen ein. 1940-42 wurde die Kirche renoviert. Sehenswert sind die Chorfenster von Augusto Giacometti mit der auffälligen und überraschenden Abbildung eines roten Sportwagens.
Limmatquai 31
Mi 14-17, Sa 12-17 Uhr
Gottesdienst Sa/So 18 Uhr

(G 3/4) **Zoo**
Der auf dem Zürichberg gelegene Park ist allein schon wegen der Masoala-Regenwaldhalle einen Besuch wert (siehe S.84). Aber auch die Gehege und Anlagen für Gorilla, Tiger, Löwe & Co sind vorbildlich und bieten ungewöhnliche Einblicke und Interaktionsmöglichkeiten mit den Tieren. Ein moderner Tierpark, der Zusammenhänge erklärt, ohne zu belehren.
Zürichbergstraße 221
Tel. 08 48 96 69 83
www.zoo.ch
Ganzjährig geöffnet, im Winter von 9-17, sonst bis 18 Uhr.
Die Masoalahalle wird täglich um 10 Uhr geöffnet.
Eintritt: Erwachsene 22 Fr, Kinder ab sechs Jahren 11 Fr, Jugendliche (16-25 Jahre) 16 Fr

MERIAN | TIPP

Giacometti-Halle

In der „Blüemlihalle", wie sie liebevoll genannt wird, zeigt sich Zürich von seiner farbenprächtigsten Seite. Augusto Giacometti bemalte die Halle (1923-25). An den Wänden werden handwerkliche und wissenschaftliche Berufe dargestellt. Die Halle wurde im Jahr 2000 renoviert und erstrahlt seither im frischen Glanz. Heute ist das Polizeidepartement im Gebäude untergebracht, doch die Halle ist weiter der Öffentlichkeit zugänglich. Der Eintritt ist frei, Besucher müssen ihren Ausweis hinterlegen.

(d 1) Amtshaus 1
Bahnhofquai 3
tgl. 9- 11 und 14-16 Uhr

MERIAN | MUSEUM FÜR GESTALTUNG

Wo die Form der Funktion folgt

Schweizer Design in klassisch-moderner Architektur

Allerlei was uns im Alltag begleitet, stammt aus der Schweiz, viele Taschenmesser etwa oder Uhren. Im Museum für Gestaltung kann man noch vieles mehr entdecken, denn das Museum beherbergt die größte Design-Sammlung der Schweiz. Schweizer Design zeichnet sich durch Qualität und Sparsamkeit aus – der Dreibeinstuhl von Max Bill etwa oder die Toblerone-Schokolade. Auch die Nespresso-Kaffeemaschine ist ein Schweizer Design-Stück, ebenso wie der seit 1947 in vielen Küchen geschätzte REX-Gemüseschäler, der neben vielen anderen Klassikern auch im Museumsshop erhältlich ist.

Die Sammlungen des Museums bestehen seit 1875 – Plakate, Grafik, Kunstgewerbe und eine riesige Anzahl Objekte alltäglicher und künstlerisch anspruchsvoller Designkultur. Vieles davon wird in Wechselausstellungen gezeigt, und zu den umfangreichsten Archiven ihrer Art gehört die Plakatsammlung. Über 300 000 Objekte dokumentieren die Geschichte dieses Mediums von den Anfängen Mitte des 19. Jahrhunderts bis zur Gegenwart. Die Sammlung umfasst politische, kulturelle und kommerzielle Plakate. Im Plakatraum gegenüber dem Museum werden laufend Ausstellungen zu besonderen Themen gezeigt. Der Eintritt ist frei, ein Besuch des Archivs aber nur nach Voranmeldung möglich.

Außergewöhnlich ist der Museumsbau, eine Ikone der modernen Architektur. Er zeichnet sich durch seine strenge Funktionalität und Formsprache aus. Das Gebäude der Zürcher Architekten Adolf Steger und Karl Egender wurde 1933 eröffnet und ist heute denkmalgeschützt. Zum Museum für Gestaltung gehört auch das Museum Bellerive, das sich in einer Villa am Zürichsee befindet. Es beherbergt seit 1968 die Kunstgewerbesammlung, deren Jugendstilabteilung mit Werken von William Morris und Emile Gallé internationales Renommee genießt.

(C 4) **Museum für Gestaltung**
Ausstellungstrasse 60, Tel. 043 446 67 67
Di-Do 10-20, Fr-So 10-17 Uhr

(C 4) **Plakatraum, Plakatsammlung**
Limmatstrasse 55, Tel. 043 446 44 66
www.museum-gestaltung.ch
Di-Fr und So 13-17 Uhr

(E 8) **Museum Bellerive**
Höschgasse 3, Tel. 043 446 44 69
www.museum-bellerive.ch
Di-So 10-17 Uhr, im Sommer Do bis 20 Uhr

MUSEEN & GALERIEN

(D 5) **Archäologische Sammlung**
Die 1856 gegründete Sammlung der Universtiät Zürich gehört zu den ältesten in der Schweiz. Sie umfasst bedeutende Abgüsse und Originale aus der Zeit der assyrischen Könige, der Pharaonen Ägyptens, der Griechen, Etrusker und der alten Römer.
Rämistrasse 73
Tel. 044 634 28 11
www.archinst.uzh.ch
Di-Fr 13-18, Sa, So 11-17 Uhr
Mo geschl.

(B 5) **Architekturforum Zürich**
1987 gegründet, spielt das Forum seit dem in Zürich eine wichtige Rolle in der Auseinandersetzung zwischen Städtebau und Architektur. Es gibt langfristig geplante Ausstellungen und kurzfristige Aktionen. Aktuelle Konzepte, Projekte und Bauten stehen im Mittelpunkt der Auseinandersetzung.
Brauerstrasse 16
Tel. 043 317 14 00
www.af-z.ch
Di/Mi/Fr 12-18, Do 16-22
Sa 11-17 Uhr

(F/G 6) **Coninx Museum**
Die Sammlung von Werner Coninx (1911-80) ist eine der größten privaten Kunstkollektionen der Schweiz. Gezeigt werden: Gemälde und Plastiken, große Grafik-Bestände der klassischen Moderne, darunter auch Werkgruppen von Picasso und Kirchner, Schweizer Kunst des 19. und 20. Jhs. mit Werken von Hodler und Auberjonois sowie hinduistische und buddhistische Plastik.
Heuelstrasse 32
Tel. 044 252 04 68
www.coninx-museum.ch
Das Museum ist wegen Renovierungsarbeiten voraussichtlich bis Herbst 2008 geschlossen.

(A 3) **Hauser & Wirth**
Die Galerie der Superlative im Löwenbräu-Areal (siehe S. 52) vertritt Künstler wie Pipilotti Rist, Roman Signer, Paul McCarthy, Louise Bourgeois und Christoph Schlingensief.
Limmatstrasse 270
Tel. 044 446 80 50
www.ghw.ch
Di-Fr 12-18, Sa 11-17 Uhr

(B 6) **Haus Konstruktiv**
Das im ehemaligen Elektrizitätswerk Selnau beheimatete Haus versteht sich als Forum für konstruktive, konkrete und konzeptionelle Kunst und Gestaltung. Das Programm umfasst Präsentationen mit dem Schwerpunkt Schweiz.
Selnaustrasse 25
Tel. 044 217 70 80
www.hauskonstruktiv.ch
Di, Do, Fr 12-18, Mi 12-20 Uhr
Sa,So 11-18 Uhr, Mo geschl.

(d 4) **Helmhaus Zürich**
Das an der Limmat gelegene Haus zeigt zeitgenössische Kunst, hauptsächlich von Schweizer Künstlern wie zum Beispiel Marie José Burki oder Peter Regli. Die Ausstellungen widmen sich der lebendigen und spannenden Schweizer Kunstszene. Gesprächsabende mit den Kunstschaffenden vermitteln Einblicke aus erster Hand.
Limmatquai 31
Tel. 044 251 61 77
www.helmhaus.org
Di-So 10-18, Do 10-20 Uhr
Mo geschl.

Im Palais des Museums Rietberg im Rieterpark ist alte Kunst aus Übersee zu sehen

(E 6) **Kulturama – Museum des Menschen**
Das Kulturama ermöglicht zwei Zeitreisen: von den ersten Tieren über die Dinosaurier zum Urmenschen bis zum Homo sapiens. Die zweite Zeitreise führt durch das Leben der Menschen von der Zeugung bis zum Tod. Das Museum versteht sich als interdisziplinäres Lernmuseum für Jung und Alt.
Englischviertelstrasse 9
Tel. 044 260 60 44
www.kulturama.ch
Di-So 13-17 Uhr, Mo geschl.

(A 3) **Kunsthalle Zürich**
Unter der Kuratorin Beatrix Ruf hat die Kunsthalle viel zum internationalen Renommee des Löwenbräu-Areals (siehe S. 52) beigetragen. Ruf bringt international bedeutende Gegenwartskunst in Gruppen- und Einzelausstellungen nach Zürich. Auf dem Programm stehen Kunstschaffende wie Christopher Williams, Liam Gillick oder Seth Price. Im Dialog mit den Künstlern entstehen insbesondere Einzelpräsentationen.
Limmatstrasse 270
Tel. 044 272 15 15
www.kunsthallezurich.ch
Di, Mi, Fr 12-18, Do 12-20 Sa, So 11-17 Uhr, Mo geschl.

(e/f 4) **Kunsthaus Zürich**
Attraktive Ausstellungen und eine Sammlung vom 12. Jh. bis in die Gegenwart. Neben Arbeiten der Schweizer Alberto Giacometti und Ferdinand Hodler sind auch Werke aus dem Barock zu sehen. Zeitgenössische Schweizer Künstler wie Pipilotti Rist und Fischli / Weiss erweitern das Portfolio. Empfehlenswert sind die regelmäßig stattfindenden Kunsthausnächte.
Heimplatz 1
Tel. 044 253 84 97
www.kunsthaus.ch
Sa, So, Di 10-18, Mi-Fr 10-20 Uhr, Mo geschl.

(B 4) **Laurin**
Die junge Galerie befindet sich mitten im lebendigen und etwas verruchten Aussersihl-Quartier, nahe am Puls der Zeit, jung und sehr entwicklungsfähig, ein Geheimtipp.
Josefstrasse 151
Tel. 043 366 86 62
www.gallerialaurin.ch
Mi-Fr 14-18, Sa 12-16 Uhr

MERIAN | TIPP

Urania-Sternwarte

Nichts ist romantischer als in der Jules Verne-Bar der Sternwarte zu sitzen und in der Dämmerung auf Zürich zu schauen. Die 1907 eröffnete Sternwarte wird von der Zürcher Volkshochschule geführt, die Veranstaltungen zum Sternenhimmel anbietet. Seit 1989 stehen Sternwarte, Turm und Gebäude unter Denkmalschutz.
(c 1) Uraniastrasse 9
Tel. 0442116523 *Öffentl. Vorführungen: Di-Sa 21-23 Uhr, Einlass 20.45-22.30 Uhr (nur bei guter Sicht), www.urania-sternwarte.ch Jules-Verne-Bar: Mo-Do 11 bis 24, Fr/Sa 11-1, So 12-23 Uhr www.jules-verne.ch*

(A 3) Migros-Museum für Gegenwartskunst Zürich
Das Migros-Museum befindet sich im Löwenbräu-Areal (siehe S. 52). Mit seinem spannenden Programm versteht es sich als ein Zentrum aktueller Kunstproduktion. Auch die Kunstgeschichte wird als ein beweglicher Prozess begriffen, der offen ist für Überprüfungen. Mit anderen Worten: Das Museum ist immer für eine Überraschung gut.
Limmatstrasse 270
044 277 20 50
www.migrosmuseum.ch
Di, Mi, Fr 12-18, Do 12-20
Sa, So 11-17 Uhr, Mo geschl.

(D 4) Moulagenmuseum
Ziemlich grausig, aber auch spannend: Moulagen sind lebensechte Nachbildungen erkrankter Körperteile aus Wachs. In Zürich werden sie seit 1918 hergestellt und noch heute in der Medizinausbildung eingesetzt. Das Museum zeigt 600 der 1800 Moulagen.
Haldenbachstrasse 14
044 255 56 85
www.moulagen.ch
Mi 14-18, Sa 13-17 Uhr

(F 9) Mühlerama – Museum in der Mühle Tiefenbrunnen
Über vier Stockwerke erstreckt sich die Mühle Tiefenbrunnen, in der im großen Stil von 1913 bis 1983 Korn gemahlen wurde. Die Mühle liefert noch heute als Schaumühle drei Tonnen Mehl pro Jahr. Gezeigt wird der ganze Mahlprozess, vom Korn bis zum Endprodukt. Zum Schluss lädt eine Rutschbahn zur rasanten Talfahrt ein.
Seefeldstrasse 231
Tel. 044 422 76 60
www.muehlerama.ch
Di-Sa 14-17, So 10-17 Uhr
Mo geschl.

(B 8) Museum Rietberg
Klassische Kunst aus Afrika, Altamerika, Asien und der Südsee. Dank des Erweiterungsbaus, einem grünen Glaspavillon, findet die Sammlung mehr Platz. Der Rieterpark und seine historischen Villen bilden ein hochherrschaftliches Umfeld.
Gablerstrasse 15
Tel. 044 206 31 31
www.rietberg.ch *Di-So 10-17*
Mi, Do 10-20 Uhr, Mo geschl.

(F 9) Sammlung E. G. Bührle
Im Mittelpunkt der Sammlung des Zürcher Industriellen Emil G. Bührle (1890-1956) stehen die französischen Impressionisten und Nachimpressionisten. Neben Monet werden auch Cézanne und van Gogh gezeigt. Bührle sammelte aber nicht nur Kunst aus dem 19. und 20. Jh., sondern auch alte Meister und gotische Holzplastiken. Nach einem aufsehenerregenden Raubüberfall, bei dem mehrere Meisterwerke gestohlen wurden, ist das Haus momentan geschlossen (Wiedereröffnung voraussichtlich im zweiten Halbjahr 2008).
Zollikerstrasse 172
Tel. 044 422 00 86
www.buehrle.ch

(C 4/5) Schweizerisches Landesmuseum
Das Gebäude sieht zwar aus wie ein historisches Schloss, tatsächlich aber wurde schon Beton als Baumaterial verwendet. Architekt Gustav Gull zeichnete die Pläne für das 1898 eröffnete Landesmuseum. Es beherbergt die größte kulturgeschichtliche Sammlung der Schweiz. Die Ausstellung umfasst sämtliche Epochen von der Urgeschichte bis in die heutige Zeit, gleichzeitig wird auch immer eine Sonderausstellung gezeigt.
Museumstrasse 2
Tel. 044 218 65 11
www.musee-suisse.ch
Di-So 10-17, Do bis 19 Uhr
Mo geschl.

(C 8) Sukkulenten-Sammlung
Stachliges und Wundersames bietet die Sukkulenten-Sammlung am See. Rund 8000 Sukkulentenarten werden hier gepflegt: Kakteen, Lebende Steine, Aloe und Agave sind nur einige wenige davon. Die Sammlung beherbergt viele Pflanzen, die in der Natur vom Aussterben bedroht sind.
Mytenquai 88
Tel. 043 344 34 80
www.foerderverein.ch
täglich 9-16.30 Uhr

(f 2) Thomas-Mann-Archiv
Das Archiv zeigt die Originaleinrichtung von Thomas Manns letztem Arbeitszimmer, außerdem eine große Auswahl von Handschriften, unter anderem die erste Seite des Buddenbrooks-Manuskripts, Fotos des Dichters oder die Nobelpreis-Urkunde. Untergebracht ist das Archiv im 1664 erbauten Bodmer-Haus.
Schönberggasse 15
Tel. 044 632 40 45
www.tma.ethz.ch
Mi, Sa 14-16 Uhr

(b 3) Uhrenmuseum Beyer
Die Zeitmessung beschäftigt die Menschheit schon lange: Das Uhrenmuseum Beyer zeigt Zeitmessinstrumente von 1400 v. Chr. bis heute. Rund 500 Exponate werden in einer der größten Schweizer Privatkollektionen gezeigt, u.a. exklusive Taschenuhren aus der Zeit um 1800, Prunkuhren aus der Renaissance, darunter eine Nürnberger Türmchenuhr von 1580 sowie Schweizer Holzräderuhren. Das Museum ist dem Juweliergeschäft Beyer angeschlossen.
Bahnhofstrasse 31
Tel. 043 344 63 23
www.beyer-ch.com
Mo-Fr 14-18 Uhr

(a 2) Völkerkundemuseum
Im Alten Botanischen Garten, im Park „zur Katz", steht das Völkerkundemuseum. Hier werden Selbstzeugnisse fremder Völker und Kulturen mit kostbaren Gegenständen und seltenen Dokumenten gezeigt. Nicht nur das Museum, auch der Park rundum lädt zum Verweilen.
Pelikanstrasse 40
Tel. 044 634 90 11
www.musethno.unizh.ch
Di-Fr 10-13, 14-17, Sa 14-17
So 11-17 Uhr

(f 1) Zoologisches Museum
Vom riesigen Mammut bis zum kleinen Kolibri – rund 1500 Tierarten aus der Schweiz und der ganzen Welt sind zu entdecken. Tierstimmen lauschen, Filme anschauen oder an sogenannten „Aktivitäts-Tischen" sein Tierwissen testen, machen den Besuch für Groß und Klein zu einem Erlebnis.
Karl-Schmid-Strasse 4
Tel. 044 634 38 38
www.unizh.ch/zoolmus
Di-Fr 9-17, Sa, So 10-16 Uhr
Mo geschl.

(c 2) Zürcher Spielzeugmuseum
Spielwaren spiegeln das Leben der jeweiligen Epoche. Puppenstuben zeigen das häusliche Leben, Puppenkleider die Modeströmungen früherer Zeiten, Dampfmaschinen und Eisenbahnen zeugen von der technischen Revolution. Das Zürcher Spielzeugmuseum zeigt europäische Spielsachen vom 18. Jh. bis Mitte des 20. Jhs.
Fortunagasse 15/Ecke Rennweg
Tel. 044 211 93 05
www.zuercher-spielzeug museum.ch
Mo-Fr 14-17, Sa 13-16 Uhr

(c 3) Zunfthaus zur Meisen
Im Zunfhaus Meisen wird die Porzellan- und Fayenceausstel-

Ein Spiegel der reichen helvetischen Kulturgeschichte sind die Schätze des Schweizerischen Landesmuseums, das sich wie ein Schloss präsentiert

lung des Schweizerischen Landesmuseums gezeigt. Das vor 250 Jahren im Herzen der Zürcher Innenstadt erbaute Zunfthaus verfügt über eindrucksvolle barocke Innenräume.
Münsterhof 20
Tel. 044 221 28 07
www.musee-suisse.ch
Di-So 10.30-17 Uhr, Mo geschl.

MUSIK, THEATER UND FILM

(a/b 2) **Filmpodium**
Ob Marilyn Monroe, Henry Ford oder Federico Fellini, das Filmpodium ermöglicht regelmäßig ein Wiedersehen. In Zusammenarbeit mit der Cinémathèque suisse in Lausanne ergänzt es das kommerzielle Kinoangebot in Zürich und zeigt die Vielfalt des Filmschaffens auf. Am Wochenende Nachmittagsaufführungen.
Nüschelerstrasse 11
Tel. 044 211 66 66
www.filmpodium.ch

(D 7) **Herzbaracke**
In den Winermonaten macht am Utoquai ein schwimmendes Theater fest. Die „Herzbaracke" ist ein charmantes Gartenhaus-Boot mit Türmchen und bunten Verzierungen. Drinnen sorgt die Komödie für erstklassige Unterhaltung. Egal ob Cabaret oder Chansonabende – ein Besuch lohnt sich.
Utoquai
Tel. 044 380 53 80
www.komedie.ch

(D 7) **Opernhaus**
In der Nähe des Bellevueplatzes steht das prachtvolle Opernhaus (siehe S. 70), das 1891 nach den Plänen der Wiener Architekten Fellner und Helmer gebaut wurde. Das Gebäude wurde ursprünglich auch als Stadttheater genutzt und in den 1980-er Jahren erweitert. Heute konzentriert es sich auf Ballett- und Opernaufführungen. In diesem Gebäude fand die Uraufführung von Alban Bergs „Lulu" und Arnold Schönbergs „Moses und Aron" statt. Noch heute gehört das Opernhaus Zürich zu den bedeutenden Bühnen im deutschen Sprachraum. Seit 1991 ist Alexander Pereira Direktor des Opernhauses, seine erste Saison eröffnete er fulminant mit „Lohengrin", inszeniert von Robert Wilson. Cecilia Bartoli, Barbara Frittoli und Thomas Hampson treten regelmäßig im Zürcher Opernhaus auf. Auch das Ballett tanzt unter der Leitung des Baslers Heinz Spoerli in der ersten Liga.
Falkenstrasse 1
Tel. 044 268 66 66
www.opernhaus.ch
Vorverkaufskasse (im Anbau):
Mo-Sa 11 Uhr bis Vorstellungsbeginn, So nur Abendkasse

Schauspielhaus
Auf der traditionsreichen Pfauenbühne fanden Uraufführungen von Bertolt Brecht, Max Frisch und Friedrich Dürrenmatt statt. Während des Zweiten Weltkriegs war hier das Zentrum des Widerstands. Auch in der neueren Zeit hat die Bühne unter dem Intendanten Christoph Marthaler für Furore gesorgt. Im Jahr 2000 expandierte das Schauspielhaus:.Mit dem „Schiffbau" hat es nicht nur einen weiteren Aufführungsort, sondern auch Probebühnen, Kultur- und Werkzentrum erhalten.
(f 4) Pfauen Rämistrasse 34
(A 3) Schiffbau, Schiffbaustr. 4
Tel. 044 258 77 00
www.schauspielhaus.ch
Zentrale Theaterkasse: Rämistrasse 34, Mo-Sa 10-19 Uhr

(C 5) **Theater Gessnerallee**
Seit über 20 Jahren ist die Gessnerallee das Haus des Freien Theaters. In der ehemaligen Manege der Kavallerie waren Größen wie Peter Stein und Peter Brook zu Gast. Das Haus hat kein eigenes Ensemble, nationale und internationale Truppen treten hier auf. Tanz, Sprechtheater oder grenzüberschreitende Projekte. Das Spektrum ist groß. Im Foyer, zwischen Futterkrippen, befindet sich ein Restaurant mit Bar.
Gessnerallee 8
Tel. 044 225 81 11
www.gessnerallee.ch

(a 5) **Tonhalle**
Das Symphonie-Orchester der Tonhalle mit seinen mehr als 100 Musikern unter Leitung des Dirigenten David Zinman hat vor allem klassische Musik aus dem 18., 19. und 20. Jh. im Repertoire. Die Akustik der Halle ist ausgezeichnet, das Publikum gibt sich gern elegant.
Claridenstrasse 7
Tel. 044 206 34 34
www.tonhalle.ch
Vorverkauf: Mo-Fr 10 Uhr bis Konzertbeginn Sa, So nur Abendkasse

MERIAN | TIPP

My Place design & coffee shop

Bei My Place ist die Sache nicht ganz klar: Designmöbelgeschäft, Restaurant oder Bar? Der Laden ist alles in einem. Auf zwei Stockwerken präsentiert er eine große Auswahl an Designklassikern der 40-er bis 80-er Jahre. Möbel, Lampen, Accessoires sind allesamt in die Gastro-Infrastruktur integriert. Durch den täglichen Verkauf der Möbel verändert sich auch das Ambiente laufend. Da können schon mal witzige Situationen entstehen, zum Beispiel wenn der Eames-Sessel, den man kaufen will, gerade besetzt ist. Das kunst- und designbefliessene Publikum nimmt es locker. Der Restaurationsbetrieb wandelt sich je nach Tageszeit: am Morgen Café, über Mittag Restaurant. My Place bietet Tagesmenüs an und hat eine günstige und einfache Küche. Abends verändert sich die Szenerie nochmals: Nun ist das Lokaleine Bar, deren Inneneinrichtung jeden Abend etwas anders aussieht. Zurzeit ist das My Place sehr gefragt. Jeweils am letzten Donnerstag im Monat werden Live-Jazz-Konzerte veranstaltet.
(f 4) Hottingerstrasse 4
Tel. 043 499 96 46
www.myplacedesign.ch
Mo-Sa 8-24 Uhr

GESCHÄFTE

(c 1) **Alprausch Flagship Store**
Die Räumlichkeiten des trendigen Street- und Snowboardlabels sind mehr als nur Verkaufsfläche. Viel Stein und viel Holz sollen die Verbundenheit zu den Elementen der Berge ausdrücken. Hörstationen mit i-Pods sorgen für Clubatmosphäre. Der mit der Skate- und Snowboardszene verbundene Firmengründer und Designer Andy Tanner versteht es, mit seinen farbenfrohen Kreationen nicht nur moderne Sportler zu begeistern.
Werdmühleplatz 4
Tel. 043 497 32 00
und 044 450 74 74
www.alprausch-shop.com
Mo-Fr 10-19, Sa 10-17 Uhr

Globus
Das Warenhaus legt viel Wert auf eine angenehm kundenfreundliche Atmosphäre und ist dezent eingerichtet. In der unteren Etage befindet sich eine ausgezeichnete Delikatessenabteilung inklusive Bar. Im Globus bei der Bahnhofstrasse gibt es einen Wellnessbereich, wo die Kunden mit Massagen oder Gesichtsbehandlungen verwöhnt werden. Globus-Restaurants sind beliebte Treffpunkte zum Businesslunch.
(C 5) Globus Zürich City
Schweizergasse 11
Tel. 044 226 60 60
www.globus.ch
Mo-Fr 9-20 Uhr, Sa 9-18 Uhr
(d 5) Globus Bellevue
Theaterstrasse 12
Tel. 044 226 16 16
Mo-Fr 10-20, Sa 9-17 Uhr

(b 3) **Grieder les Boutiques**
Traditionell und nobel – so lässt sich das Modehaus Grieder wohl am besten beschrieben. Zahlreiche Mitarbeiter kümmern sich um eine Klientel, die auch mal einen halben Tag im Geschäft verbringt. Das Angebot umfasst trendige Marken und Labels klassischer Prägung. In der Grieder-Bar mit Blick auf den Paradeplatz treffen sich Geschäftsleute, aber auch Mütter mit Kindern, die sich von ihrer Shopping-Tour erholen.
Bahnhofstrasse 30
Tel. 044 224 36 36
www.bongenie-grieder.ch
Mo-Fr 9.30-18.30, Do 9.30-20
Sa 9.30-17 Uhr

(d 1) **Schweizer Heimatwerk**
Hier gibt es traditionelles und modernes Kunsthandwerk made in Switzerland, u.a. Qualitätsspielsachen, Keramikwaren und Musikdosen – ideale Mitbringsel und Geschenke. Das Angebot ist überraschend vielfältig, auch wenn das obligate Schweizerkreuz-Design nicht fehlen darf.
Uraniastrasse 1
Tel. 044 222 19 55
www.heimatwerk.ch
Mo-Fr 9-20 Uhr, Sa 9-18 Uhr

(A 5/6) **Saus & braus**
Das „Kaufhaus für Design" ist eine Plattform von mehr als 70 meist Schweizer Labels. Ausgefallene Kleidungsstücke für Sie und Ihn, Accessoires, Taschen, Schmuck und Wohnaccessoires von Lokalberühmtheiten wie xess und baba und Newcomern. Das Geschäft bietet eine interessante und auch repräsentative Auswahl von Designlabels, die in den letzten Jahren in den Kreisen 4 und 5 entstanden sind und Zürich zu einer spannenden Modestadt gemacht haben.
Ankerstrasse 14
Tel. 044 242 23 11
www.sausbraus.ch
Mo-Fr 12-19 und Sa 10-16 Uhr

Lush shop
Immer der Nase nach – so findet man problemlos diesen Shop, wo es duftende Seifen in allen Formaten und Variationen gibt und alles, was für eine anspruchsvolle Körperpflege gewünscht wird. Gute Seifen mit wenig Konservierungsstoffen sind ein sinnliches Mitbringsel.
(d 3) Münstergasse 23
Tel. 043 268 51 37
www.lush-shop.ch
Mo-Fr 10-18.30, Do 10-20
Sa 10-17 Uhr
(C 5) Lintheschergasse 8
Tel. 043 497 37 55
Mo-Fr 10-19, Do 10-20
Sa 10-17 Uhr

Fidelio
Alles, was Modebewusste brauchen: hippe Labels für Sie und Ihn. Modelle, von denen jedes ein Original ist, exquisite Herrenhemden, tolle Schuhe und Taschen. Das Stammhaus, Fidelio 1, ist etwas klassischer, während Fidelio 2 etwas preiswerter und jünger und ein Paradies für Schnäppchenjäger ist.
(b/c 2) Fidelio 1, Münzplatz 1

Flohmarkt Bürkliplatz: Occasionen aus Zürichs Kellern und Speichern

treetwear, Snowwear ...
ot anywhere, sondern im
prausch Flagship Store

(a 2) **Fidelio 2**
Nüschelerstrasse 30
www.fidelio-kleider.ch
(A/B 5) **Rabatt.Fidelio**
Badenerstrasse 75
(a 2) **Ruth Grüninger + Fidelio**
Nüschelerstrasse 31
Mo 11-19, Di-Fr 10-19
Sa 10-17 Uhr

(d 5) **Rossis**
Rossis-Taschen haben nicht nur ein tolles Design, sie sind auch ausgesprochen praktisch. Designer und Inhaber Francesco Rossi entwirft seine Kollektionen getreu nach dem Motto „finden statt suchen“. Seine neueste Kreation: eine Wickeltasche für modebewusste Eltern.
Torgasse 1
Tel. 044 252 10 90
(c 2) Strehlgasse 27
Tel. 044 210 20 14
www.rossis.ch
Mo-Fr 10-14 Uhr, 14.30-18.30
Sa 10-17 Uhr

(b 3) **Sprüngli Confiserie**
Die Zürcher Spezialität: Das Luxemburgerli (s. S. 38). Ob rosa, gelb oder beige, mit Zimt, Mocca, Kaffee oder Schokolade gefüllt: unbedingt probieren! Sprüngli hat neun Filialen in der Stadt .
Hauptfiliale Paradeplatz
Bahnhofstrasse 21
Tel. 044 224 47 11
www.spruengli.ch
Mo-Fr 7.30-18.30 Uhr
Sa 8-16 Uhr

(d 4) **Stefi Talman**
Furore hat die Zürcher Designerin Stefi Talman bereits in den achtziger Jahren gemacht, als sie das Schuhmodell ZIP auf den Markt brachte. Die Bottine mit dem schräg über den Rist verlaufenden Reissverschluss machte sie über Nacht berühmt. Seit 1995 produziert Stefi Talman unter ihrem eigenen Label und entwirft jährlich ungefähr 25 Schuhmodelle, aber auch Accessoires: Taschen, Portemonnaies, Schminkbeutel. Talmans Objekte sind unverwechselbar, die Kollektion lebt von der Spannung zwischen Eleganz und Ironie. An erster Stelle stehen aber immer die Funktionalität und der Komfort. Das alles hat seinen Preis: Ein Paar Schuhe kosten schnell einmal 500 Franken – doch mit etwas Glück findet man günstigere Modelle im Ausverkauf.
Oberdorfstrasse 13
Tel. 044 252 81 10
www.stefitalman.ch
Mo 12-18.30, Di-Fr 10-18.30, Sa 10-17 Uhr

MÄRKTE

(b/c 5) **Blumen- und Gemüsemarkt am Bürkliplatz**
Dieser Markt ist mit Abstand der schönste und farbenprächtigste der Stadt. Man sollte ihn auf jeden Fall besuchen. An den zahlreichen Marktständen gibt es eine riesige Auswahl an Blumen, Pflanzen, Gemüsen, Früchten, regionalen Spezialitäten, lokalen Bioprodukten und Exotisches aus der ganzen Welt.
Bürkliplatz
www.zuercher-maerkte.ch
Di und Fr 6-11 Uhr

(d 2) **Rosenhofmarkt**
Sehr idyllisch in der Altstadt gelegen, umgeben von historischen Häusern, ist der Rosenhofmarkt auch eine Touristenattraktion. Hier werden Handgemachtes, Schmuck und Antiquitäten aus der Schweiz und aus fernen Ländern angeboten.
Rosenhofmarkt
www.rosenhof.ch
März-Dez. Do 10-20 Uhr
Sa 10-17 Uhr

(b/c 5) **Flohmarkt am Bürkliplatz**
Edles und Trödel, Raritäten, Kuriositäten und Antiquitäten – eine große, spannende Fundgrube zum Entdecken und Stöbern.
Bürkliplatz
Mai-Okt. Sa 8-16 Uhr

MERIAN | TIPP

Restaurant tibits

Das tibits ist ein Selbstbedienungsrestaurant der besonderen Art. Hier ist die Küche (durchgehend geöffnet) ausschließlich vegetarisch. Das reichhaltige Buffet bietet wunderbare Salate, leckeres Gemüse und asiatische Wundertäschchen aller Art und vieles mehr. Tipp: Hervorragend sind die Suppen. An der Bar gibt es köstliche Fruchtsäfte und ausgezeichneten Kaffee. Das Restaurant ist liebevoll eingerichtet, die Tapeten stammen von der Londoner Designerin Tricia Guild. Während der Spitzenzeiten kann es schwierig weren, einen Platz zu finden – es empfiehlt sich, das Restaurant zu ruhigeren Zeiten zu besuchen.
(D 7) Seefeldstrasse 2
Tel. 044 260 32 22
www.tibits.ch
Mo-Fr 6.30-24, Sa 8-24 Uhr
So 9-24 Uhr, Preise nach Gewicht: 100 Gramm für 3,90 Fr

Preiskategorien

Die Preise beziehen sich auf ein Hauptgericht mit Fleisch oder Fisch. Oft sind fleischlose Gerichte günstiger zu haben.
o bis 25 Franken
oo bis 40 Franken
ooo mehr als 40 Franken

(B 3) **Alpenrose**
Hier gibt es echte, moderne Schweizerküche, jenseits von Fondue- und Bratwurst-Klischees. Der historische Raum mit Jugendstilfenstern ist schlicht eingerichtet, das Publikum kommt aus dem trendigen Industriequartier. In der Küche legt man großen Wert auf gut ausgewählte Produkte, die nach Möglichkeit aus der näheren Umgebung kommen. Die Speisen sind liebevoll und sorgfältig zubereitet. Das Angebot wechselt fast täglich.
Fabrikstrasse 12
Tel. 044 271 39 19
www.restaurant-alpenrose.ch
Di und Sa-So 18-24 Uhr
Mi-Fr 11-24 Uhr oo

(D 7) **Bimi**
Auch in Zürich ist das Sushi-Fieber ausgebrochen, und in der ganzen Stadt schießen diese Lokale wie Pilze aus dem Boden. Die Top-Adresse ist und bleibt das Bimi im Zürcher Seefeld. Die Speisekarte in diesem Japan-Restaurant ist umfassend und reicht von Nudelgerichten über Tempura bis zu Sushi oder Sashimi. Das Lokal ist modern und unprätentiös eingerichtet.
Seefeldstrasse 25
Tel. 043 243 77 77
www.swissbimi.ch
Mo, Sa 18-23, Di-Fr 11.30-14 und 18-23 Uhr oo

(d 3) **Bodega Española**
In dieser spanischen Weinbar kann es auch schon mal laut zugehen. In der Glasvitrine lockt ein leckeres Tapas-Angebot, getrunken wird spanischer Wein oder spanisches Bier. An den dunklen Holztischen sitzen alte Zürcher Originale neben Studenten.
Münstergasse 15
Tel. 044 251 23 10
Parterre: Mo-So 10-24 Uhr (keine Reservierung),
Sala Morisca (1. Stock): Mo-So 12-14, 18-24 Uhr ooo

(A 2) **Brasserie Bernoulli**
Trendlokal und hippe Quartierbeiz in Zürich West. Die Brasserie ist sozusagen die Kantine der vor gut zehn Jahren entstandenen Wohngenossenschaft Kraftwerk 1, eines knallroten modernen Baus. Das Ambiente ist schick, aber nicht überstylt. Die Menükarte beweist jene Experimentierlust, die für Zürcher Alternativbeizen typisch ist. Großes Angebot an vegetarischen Gerichten.
Hardturmstrasse 261
Tel. 044 563 87 37
www.brasseriebernoulli.ch
Mo-Fr 7.30-24 Uhr
Sa 17-24 Uhr oo

(B 4) **Cucina Pizzeria Ristorante**
Die Pizzas sind nicht rund, sondern oval und gehören zu den besten der Stadt. Der Service ist effizient und freundlich, auch wenn es manchmal abends hektisch zugehen kann. Das Publikum ist jung und szeneorientiert. Die Karte bietet eine große Auswahl der italienischen Küche. Im Sommer sitzt man draußen und genießt die quirlige Atmosphäre im Trendquartier Zürich West.
Luisenstrasse 40
Tel. 044 271 37 40
www.cucinarestaurant.ch
Mo-Fr 10-14, 17-24 Uhr
Sa u. So 17-24 Uhr oo

(A 1) **Die Waid**
Das Restaurant auf dem Käferberg hat eine riesige Terrasse und einen Kastaniengarten mit 180 Plätzen. Der Blick über die Stadt ist besonders gegen Abend beeindruckend. Die Küche, die sich das Motto „Never WOK alone" gegeben hat, ist empfehlenswert.
Waidbadstrasse 45
Tel. 043 422 08 08
www.diewaid.ch
tgl. 8.30-23.30 Uhr ooo

(E 9) **Heimelig da Bernasconi**
Tritt man ins Heimelig ein, fühlt man sich sofort wie in einer kleinen Stube. Das Restaurant ist gediegen und liebevoll eingerichtet. Bereits in Kindertagen war Carlo Bernasconi, Gastwirt, Gastrokritiker und Chefredakteur des *Schweizer Buchhandels*, vom Kochen fasziniert. Auf dem Speisezettel seiner norditalienischen Küche dürfen die traditionelle Polenta, Risotto und Kalbfleisch nicht fehlen. Aber auch Fisch, Geflügel und Fleischgerichte stehen auf der Karte mit täglich wechselnden Gerichten. Geschriebenes und Gekochtes gehen im Heimelig eine gelungene Verbindung ein: Veranstaltungen mit Buchvernissagen und Lesungen finden regelmäßig statt.
Fröhlichstrasse 39
Tel. 044 383 21 39
www.cucinalibri.ch
Di-Sa ab 19 Uhr ooo

(b 1) **Restaurant Hiltl**
Das Restaurant mit seiner beachtlichen vegetarischen Tradition gibt es seit 1898. Es ist unter jenen Gästen ein Muss, für die vegetarisches Essen mehr ist als verkochtes Gemüse mit Nudeln ohne Fleisch. Das Hiltl setzt Maßstäbe für die kreative vegetarische Küche. Hier finden selbst hart gesottene Fleischfans eine Alternative. Im angeschlossenen Laden können Bücher der Hiltl-Küche gekauft werden.

Eine Erste Adresse für Freunde vegetarischer Köstlichkeiten: das 2007 neu eröffnete Restaurant „Hiltl“

Sihlstrasse 28
Tel. 044 227 70 00
www.hiltl.ch
So-Do 6-24, Fr, Sa 6-4 Uhr **oo**

(B 5) **Italia**
Das Italia pflegt eine italienische „cucina alla mama“. Authentisch und auf das Wesentliche reduziert, mit traditionellen Rezepten der regionalen Küche, können die Speisen zuweilen ganz schön deftig sein. Das Restaurant ist mit schlichter Eleganz eingerichtet, das Herzstück des Lokals ist die Salumeria, eine Glasvitrine mit mannigfaltigen Versuchungen der südländischen und schweizerischen Charcuterie und feinen Käsen. Speziell ist auch der elektronische Weinautomat, durch den das „Italia“ zum Ziel für Weinliebhaber avanciert ist.
Zeughausstrasse 61
Tel. 043 233 88 44
www.ristorante-italia.ch
Mo-Fr 12-14 und 18-24 Uhr
So 18-24 Uhr **oo**

(d 5) **Kronenhalle**
Die Küche ist exquisit, das Publikum auch: In der Kronenhalle verkehrt alles, was in der Schweizer Politik, Kultur und Wirtschaft Rang und Namen hat. Hier herrscht das Motto Sehen und Gesehen werden. Die Kronenhalle ist ein Urgestein in Zürichs Gastronomiegeschichte. 1925 übernahmen Hulda und Gottlieb Zumsteg das Restaurant und machten es zu einem der ersten Häuser der Stadt. Unter Sohn Gustav Zumsteg wurde die Kronenhalle zu einem Treffpunkt von Schauspielern, Malern und Dichtern. Dass hier Bilder von Bonnard, Hodler und Segantini hängen, macht das Lokal einzigartig. Zum Restaurant gehört eine wunderschöne, stilvolle Bar.
Rämistrasse 4
Tel. 044 262 99 00
www.kronenhalle.com
täglich 12-24 Uhr **ooo**

(A 3) **Lasalle**
Speisen, wo die Zürcher Theaterelite ein und aus geht: Das schön gestaltete Restaurant mit seinen hohen Räumen bietet seinen Gästen eine solide, unaufgeregte französische und italienische Küche, die Wert auf saisongerechte Zutaten legt.
Schiffbaustrasse 4
Tel. 044 258 70 71
www.lasalle-restaurant.ch
Mo, Di 11-24, Mi, Do 11-1
Fr 11-2, Sa 17-2 und
So 17-24 Uhr **oo**

(B 4) **Lily's**
Hip, gut und relativ günstig, so hat sich das Lily's mit seiner panasiatischen Küche schnell einen guten Namen gemacht und erfreut sich vor allem unter dem jungen urbanen Publikum größter Beliebtheit. Reservierungen sind nicht möglich.
Langstrasse 197
www.lilys.ch
Mo-Do 11-24, Fr-Sa 11-1
So 15-24 Uhr **o**

Spaghetti Factory
Gleich zweimal in Zürich: im Niederdorf und beim Bellevue. Das bewährte Konzept setzt auf das beliebte Produkt Spaghetti. Zu haben sind sie in den verschiedensten Varianten. Es gibt aber auch Suppen, Salate und ausgewählte Fleisch und Fischgerichte. Beide Lokale befinden sich in zentraler Lage, in der Nähe von Kinos, Opernhaus oder Theater. Reservierung nicht unbedingt nötig.
(d 2) **Niederdorfstrasse 5**
Tel. 044 251 94 00
So-Do 11-0.30, Fr-Sa 11-2 Uhr
(D 6) **Schifflände 6**
Tel. 044 252 26 66
So-Do 11-24, Fr-Sa 11-2 Uhr
www.spaghettifactory.ch **o**

(c 3) **Storchen**
Die Terrasse des Restaurants und Hotels Storchen bietet eine wunderschöne Aussicht über die Limmat und die Altstadt. Geboten wird eine gute Schweizer Küche mit saisonalen Spezialitäten. Im Sommer werden auf der Terrasse durchgehend warme Speisen serviert. Im Innern des Restaurants herrscht eine gemütliche Stimmung.
Weinplatz 2
Tel. 044 227 21 13
www.storchen.ch
tgl. 11.30-24 Uhr **ooo**

(B 2) **Tre Fratelli**
Schlicht und stilvoll eingerichtet, befindet sich das Tre Fratelli in einem typischen Wohnquartier. Die kleine von Hand geschriebene Speisekarte bietet täglich Neues und Genussvolles. Im Sommer empfiehlt sich eine Reservierung für das sehr schöne Gartenrestaurant.
Nordstrasse 182
Tel. 044 363 33 03
www.trefratelli.ch
Mo-Fr 11.30-14 und 18.30-24
Sa 18.30-24 Uhr **oo**

(d 5) **Vorderer Sternen**
Schweizer Küche vom Feinsten. Das Traditionshaus beim Bellevue ist wegen des Wurststands berühmt, doch der „Sternen“ hat weit mehr zu bieten. Das Zürcher Geschnetzelte, das Cordon bleu oder das zarte Filet Stroganoff und natürlich die knusprige Rösti sind Klassiker, die die Sternen-Küche hervorragend beherrscht. Wer einen Fensterplatz hat, kann das quirlige Treiben auf einem der größten Zürcher Plätze beobachten.
Theaterstrasse 22
Tel. 044 251 49 49
www.vorderer-sternen.ch
tgl. 11.30-24 Uhr **oo**

It's Jazztime! Das „Moods" im Schiffbau gehört zu den führenden Jazzclubs der Stadt

MERIAN | TIPP

Sommer-Bars

Im Sommer gibt es abends nichts Schöneres, als in den vielen Freiluft-Bars die lauen Nächte zu genießen.
In der **Barfussbar** in der **Frauenbadi am Stadthausquai (c 4)** heißt es Schuhe ausziehen und die Füße ins Wasser baumeln lassen. Ein angenehmer, ruhiger Ort, regelmäßig finden kulturelle Veranstaltungen statt. Etwas kultiger geht es an der rechten Uferzone der Limmat zwischen **Drahtschmidli (C 4)** und den **Badeanstalten Unterer Letten (B 3)** zu. Unter der Bahnbrücke der **Wasserwerkstrasse (B 3)** befindet sich ein alter Berliner S-Bahn-Wagen – die **Bar offen**.
Gegenüber im Freiluftbad **Oberer Letten (C 3/4)** legen ab 19 Uhr im **Pier West** angesagte DJs auf, die Freiluft-Disco ist ein idealer Ort zum Abtanzen. Besonders beschaulich ist die Stimmung jeweils dienstags abends in der **Flussbadi Unterer Letten**. Das Holz-Flussbad ist eine ideale Kulisse für romantische Sommerabende. Im Juli finden Filmabende statt. Zurück zum See – in der **Pumpstation** beim **Utoquai (D 7)** trifft sich tout Zürich auf ein Bier und eine Bratwurst, ganz nach dem Motto Sehen und Gesehen werden.
Intimer geht es in der **Badeanstalt Enge (C 7)** zu und her: Die Badi verwandelt sich abends in eine Bar, die sich direkt über dem See befindet. Im Winter kann man hier saunieren.

Weitere Informationen:
www.barfussbar.ch
www.pierwest.ch
www.filmfluss.ch
www.pumpstation.ch
www.tonttu.ch

CLUBS

(a 5) **Adagio**
Das Adagio ist eine feste Institution im Zürcher Nachleben, Clubber, Partygänger und Nachschwärmer fühlen sich hier alle in ihrem Element. Die Ausstattung ist etwas pompös geraten, wird aber durchaus auch als romantisch empfunden.
Gotthardstrasse 5
Tel. 044 206 36 66
www.adagio.ch
Di-Sa jeweils ab 21 Uhr

(A 7) **Abart**
Angesagter Rock und Underground-Club in Zürich mit vielen Partys und Live-Gigs. Im Inneren ist es schummrig, die wummernden Bässe übernehmen den Hauptteil der Kommunikation.
Manessestrasse 170
Tel. 044 201 82 45
www.abart.ch
Fr, Sa ab 22 Uhr,
Juni, Juli ab 23 Uhr

(A 3) **Indochine**
Asia meets France – die Einrichtung dieses Clubs ist eine gediegene Mischung aus asiatischem Dekor und französischem Stil. Hier tauchen die Gäste ein in eine beschwingte und angenehme Atmosphäre.
Limmatstrasse 275
Tel. 044 448 11 11
www.club-indochine.com
Do 22-3, Fr 22-4, Sa 2-4 Uhr

(d 5) **Mascotte**
Der wahrscheinlich beliebteste Club in Zürich mit der ältesten Geschichte. 1900 als Varieté eröffnet, hat der Ort eine glamouröse und bewegte Geschichte hinter sich. Seit Februar 2004 ist das Mascotte unter junger innovativer Führung. Zum Programm gehören hippe Partys, Live-Konzerte und Lesungen. Jeden Dienstag sorgt „Karoke mit Live-Band" garantiert für Heiterkeit.
Theaterstrasse 10
Tel. 044 260 15 80
www.mascotte.ch
In der Woche 22-3 Uhr
am Wochenende 23-5 Uhr

(A 3) **Moods**
Der Jazzclub im Schiffbau ist bekannt für sein ausgezeichnetes Live-Konzert-Programm, Jazzkenner, nicht nur aus Zürich, sorgen für stimmungsvolle Atmosphäre.
Schiffbaustrasse 6
Tel. 044 276 80 00
www.moods.ch
Mo-Sa ab 19.30, So ab 18 Uhr

(A 3) **Rohstofflager**
Die schick eingerichtete frühere Lagerhalle brilliert mit internationalen Acts im Drum'n' Bass-Techno-Bereich. Regelmäßig Konzertveranstaltungen.
Duttweilerstrasse (Ecke Pfingstweidstrasse) Toniareal
Tel. 044 390 90 90
www.rohstofflager.ch
wechselnde Öffnungszeiten
So, Do geschlossen

(a 2) **Kaufleuten**
Der Klassiker unter den Clubs in Zürich. Einst sehr „schickimicki", heute durch wechselnde Musikstile mit gemischterem Publikum. Sehr schöner, neu renovierter Festsaal, in dem Konzerte stattfinden. Beliebt ist die Mezzanotte-Party am Montag für alle über 30. Wer keinen Einlass finden sollte, kann sich in der Pelikan-Bar und Lounge gleich um die Ecke tummeln.
Pelikanplatz
Tel. 044 225 33 22
www.kaufleuten.ch
Mo-So ab 23 Uhr

(B 9) **Rote Fabrik**
Ein Biotop der Alternativkultur mit tollem Seeblick. Jährlich finden über 100 Konzerte, oft mit (noch) unbekannten, interessanten Bands. Auch Film- und Theatervorführungen. Die Bar hat immer einen guten „Alternativ-Groove".
Seestrasse 395
Tel. 044 481 91 43
www.rotefabrik.ch
wechselnde Öffnungszeiten

(A 3) **Helsinki-Klub**
Ein schräger Schuppen und sehr beliebt beim jungen Züricher Szenevolk. Von Hip-Hop und Urban-Dance dominierte Sounds, witzige Themenabende, moderate Preise.
Geroldstrasse 35
www.helsinkiklub.ch
Fr, Sa 20-3.30 Uhr
Di, Do, So 20-2 Uhr

BARS

(a 4) **Almodobar**
Kühl-modern eingerichtete, trendige Lounge-Bar. Morgens quirliges Café und mittags ein gefragter Lunch-Treffpunkt. Es gibt ein ausgezeichnetes Tapas-Angebot.
Bleicherweg 68
Tel. 043 844 44 88
www.almodobar.ch
Mo, Di, 8-2, Mi, Do, Fr 8-4
Sa 9-4, So 9-2 Uhr

(D 7) **Purpur**
Schwülstig orientalisch mit viel Purpur, so präsentiert sich die Lounge-Bar im Zürcher-Seefeld. Am Abend wird diese Location von trendigen Business-People und vielen Medienschaffenden besucht.
Seefeldstrasse 9
Tel. 044 419 20 66
www.purpurzurich.ch
Mo-Do 11-2, Fr 11-4 Uhr
Sa 14-4, So 14-2 Uhr

(A 3) **Labor Bar und Club**
Der Schweizer Medienstar Kurt Aeschbacher moderiert hier

jeden zweiten Donnerstag seine Talkshow. Die Bar gegenüber dem Schiffbau ist eine schöne, toll eingerichtete Location, regelmäßig werden hier Partys veranstaltet.
Schiffbaustrasse 3
Tel. 044 272 44 02
www.laborbar.ch
Fr Sa ab 22, So ab 21 Uhr

(B 5) **Longstreet-Bar**
Ein Hotspot des Zürcher Nachtlebens an der Langstrasse. Am Wochenende ist es nicht ganz einfach, am Türsteher vorbeizukommen. Das schummrige Ambiente und der heiße Sound der Longstreet-Bar ziehen Nachtschwärmer aller Art an.
Langstrasse 92
Tel. 044 241 21 72
www.longstreetbar.ch
Di, Mi, Do 20-3, Fr, Sa 20-4 So 20-2 Uhr, Mo geschlossen

(B 4) **RiffRaff Bar Bistro**
Quartiertreffpunkt und Szene-Location: In der Bar und dem Bistro des Kino RiffRaff stimmt wirklich alles, die Architektur und das Innendesign der Architekten Peter/Meili und Staufer/Hasler sind einfach toll, die Stimmung sehr angenehm, die Leute hinter der Bar sympathisch und das Essen gut.
Neugasse 57/63
Tel. 044 444 22 02
(Kino 444 22 00)
www.riffraff.ch
Bar: Mo-Do 15-24, Fr, Sa 15-2 So 12-24 Uhr, Bistro: Mo-Do 8-24, Fr 8-2, Sa 10-2 Uhr So 10-24 Uhr

(A 2/3) **Spèhres Bar, Buch und Bühne**
Buchhandlung und Bar mit einer kleinen Bühne für Lesungen und Buchvernissagen. Tagsüber eine Oase der Ruhe, hier kann man kaufen und lesen. Abends verwandelt sich das Lokal in ein lebendiges Stück Zürcher Nachtleben. Die Bar bietet neben einer gut sortierten Malt-Abteilung auch leckere Tapas.
Hardturmstrasse 66
Tel. 044 440 66 22
www.spheres.cc
Mo-Fr 8-24 Uhr
Sa-So 9.30-19.30 Uhr

MERIAN | TIPP

Forum

Das Trendlokal – Restaurant, Bar und Lounge zugleich – ist abends meist zum Bersten voll, Szenevolk diskutiert in den tiefen weißen Sofas oder feiert ausgelassen. Donnerstags und Freitags legt die Zürcher DJ-Prominenz auf. Im Sommer lässt sich die ganze Fensterfront herunterfahren, das vermittelt südliches Flair.
(A 5) Badenerstrasse 120
Tel. 043 243 88 88
www.forumzh.ch
Mo-Fr ab 8, Sa, So ab 10 Uhr

Hochprozentiges in hundertprozentig coolem Ambiente: die Onyx-Bar im Park Hotel Hyatt

MERIAN | TIPP

Kafischnaps – Schlafen zwischen Kirschbäumen

Ein typisches Beispiel für die Wandelbarkeit Zürichs. Im Lokal an der Kornhausstrasse war über Jahre hinweg ein trostloser Ramsch-Laden eingemietet – heute ist es eine schicke Cafébar, angesagte Szenenbeiz und eines der witzigsten und spannendsten City-Hotels der Stadt. Die Pension hat nur fünf Zimmer, sie sind nach den gängigsten Schweizer Schnäpsen benannt: Williams, Kirsch, Zwätschge, Pflümli und Quitte. Jedes Zimmer wurde individuell von Zürcher Architekten gestaltet. Entstanden sind dabei gemütliche, kleine Schmuckstücke. Beispielweise das Williamszimmer, das einer warmen Stube gleicht, das Kirsch-Zimmer mit Malereien von blühenden Bäumen an den Wänden oder das gelb gehaltene Quittezimmer. Das kleine Hotel liegt in der Nähe des Szeneviertels Züri-West auf der Grenze zwischen den Quartieren Wipkingen und Unterstrass. Es versteht sich als Bed&Breakfast: Die Gäste teilen sich ein großzügiges Badezimmer mit Wanne und Duschkabine sowie ein separates WC. Das Frühstück ist im günstigen Preis inbegriffen.

(C 3) Pension Kafischnaps
Kornhausstrasse 57
Buchungen über Internet
www.kafischnaps.ch oder
Zürich Tourismus
Tel. 044 215 40 40 o

Im Kirsch-Zimmer entfalten sich Blüten-Träume

(b 5) **Baur au Lac**
Im eigenen Park am Ufer des Zürichsees und nahe beim Paradeplatz liegt das wohl bekannteste Luxushotel der Stadt. Seit der Eröffnung 1844 ist das Haus in Familienbesitz. Zimmer und Suiten wurden kürzlich neu und individuell gestaltet. Fitness-Club im 5. Stock mit grandiosem Blick über den Zürichsee und auf die Alpen. Mehrere Restaurants.
Talstrasse 1
Tel. 044 220 50 20
www.bauraulac.ch oooo

(G 6) **Dolder Grand**
Kürzlich umgebaut und neu eröffnet, gehört das Dolder wieder zu den Hotels der Weltspitzenklasse. Erhalten geblieben ist das 100-jährige Hauptgebäude, darum herum hat Architekt Norman Foster Neubauten gruppiert, die sich wie eine Schleife um den alten Trakt schmiegen. Nur das Beste war fürs Dolder gut genug: großzügiges Spa, Ballsäle, feinste Suiten mit Sicht über die ganze Region.
Kurhausstrasse 65
Tel. 044 456 60 00
www.doldergrand.ch
oooo

(D 7) **Eden au Lac**
Luxushotel in einem im Jugendstil gebauten denkmalgeschützten Haus am Zürichsee. Die meisten Zimmer verfügen über einen Balkon oder eine Terrasse mit Blick auf den See und die Alpen. Liegt wenige Schritte entfernt vom Opernhaus, und auch das Trendquartier Seefeld mit seinen vielen Bars und Restaurants ist in der näheren Umgebung.
Utoquai 45
Tel. 044 266 25 25
www.edenaulac.ch
oooo

(E 3) **Haus Justinus**
Sehr schönes Studentenhaus in wundervoller Lage am Zürichberg. Das Haus ist mit der Seilbahn Rigiblick erreichbar, es liegt gegenüber der Bergstation. Die Zimmer sind einfach, aber günstig. Hier logieren Studenten aus aller Welt.
Freudenbergstrasse 146
Tel. 044 362 29 80
www.justinus.ch o

(d 4) **Hotel Altstadt**
Sozusagen ein Literatur-Hotel im Herzen der historischen Altstadt. Die Zimmer sind von einem Zürcher Künstler und jeweils einer Dichterin oder einem Dichter gestaltet worden. Dabei sind spannende Kompositionen in Zusammenarbeit u.a. mit Ilma Rakusa, Hugo Loetscher und Jürg Federspiel entstanden. Damit man sich auch gleich in den literarischen Hintergrund des Zimmers einlesen kann, liegen die Bücher der jeweiligen Dichter in den Zimmern aus. Die Altstadt-Bar ist ein ausgesprochen angenehmer und ruhiger Ort, der zum Verweilen lädt.
Kirchgasse 4
Tel. 044 250 53 53
www.hotel-altstadt.ch oo

(A 5) **Hotel Greulich**
Neu gebautes Designhotel mit klarer Architektur, eleganten und sinnlichen Räumlichkeiten. Mitten im lebendigen Kreis 4 gelegen. Mit stadtbekanntem Restaurant und einer Videoinstallation der Schweizer Künstlerin Pipilotti Rist in der Greulich-Bar.
Hermann-Greulich-Strasse 56
Tel. 043 243 42 43
www.greulich.ch oo

(A 3) **Hotel Ibis City West**
Vielleicht nicht die originellste Möglichkeit, in Zürich zu übernachten, aber mit gutem Preis-Leistungsverhältnis. In der Nähe des Escher-Wyss-Platzes, umgeben von Trendlokalen, dem Theater Schiffbau und dem Technopark.
Schiffbaustrasse 11
Tel. 044 276 21 00
www.ibishotel.com o

(C 4) **Hotel Marriott**
In der Nähe von Limmatufer und Hauptbahnhof liegt das einzige Hotel in Zürich, das sich in einem der wenigen Hochhäuser befindet. Die Zimmer sind individuell und modern eingerichtet. Die Aussicht auf die Stadt ist beeindruckend. das Hotel hat ein thailändisches und ein Schweizer Restaurant.
Neumühlequai 42
Tel. 044 360 70 70
www.zurichmarriott.de
ooo

(D 4) **Hotel Rigihof**
Das 1931 im Bauhausstil erbaute Stadthotel ist ein architektonisches Kleinod. Das farbenfroh eingerichtete Haus hat zum Teil künstlerisch gestaltete „Zürich-Zimmer", die jeweils einer berühmten Persönlichkeit gewidmet sind, die in Zürich gelebt hat. Große Wandgemälde zeigen diese Prominenten.
Universitätstrasse 101
Tel. 044 360 12 00
www.hotel-rigihof.ch oo

Mit dem „Pfife-Bödeli“ bietet das klassisch-moderne „Widder Hotel“ auch Genussrauchern ein rustikales Refugium

MERIAN | TIPP

Widder Hotel

Das Luxushotel im Augustinerquartier ist der Klassiker unter Zürichs historischen Hotels. Es erstreckt sich über acht Altstadthäuser, denen man von außen nicht ansieht, dass sie Teil einer noblen Unterkunft sind. Das gesamte Gebäude trägt die unverkennbare Handschrift der Schweizer Architektin Tilla Theus. Jeder Raum ist individuell gestaltet. Im Hotel ist Kunst von Le Corbusier, Mies van der Rohe, Adolf Loos und anderen zu finden. In der Bar des Hotel Widder kommen Whisky-, aber auch Jazzliebhaber auf ihre Kosten. Jazzgrößen wie Hank Jones oder Diana Krall treten hier auf, die Konzerte finden jeweils im Herbst und im Frühjahr statt. Die „Library of Spirits“ der Bar besteht aus 1000 Flaschen, darunter über 250 Single Malt Whiskeys. Das Restaurant ist vor allem unter Weinkennern beliebt.
(c 2) Rennweg 7
Tel. 044 224 25 26
www.widderhotel.ch
OOOO

Preiskategorien

Die Preise gelten für das günstigste Doppelzimmer des Hotels für zwei Personen mit Dusche oder Bad, inklusive Frühstück.

O bis 200 Franken
OO bis 400 Franken
OOO bis 600 Franken
OOOO mehr als 600 Franken

(d 4) **Hotel Rössli**
Kleines, sehr freundlich geführtes Hotel in der Altstadt. Das historische Gebäude wurde völlig neu ausgebaut, die Zimmer sind schlicht und modern eingerichtet. Es gibt ein gutes Restaurant und eine empfehlenswerte Bar.
Rössligasse 7
Tel. 044 256 70 50
www.hotelroessli.ch **OO**

(B 4) **Hotel Rothaus**
Ein Haus mit bewegter Geschichte, bis vor kurzer Zeit war hier ein stadtbekanntes Striplokal untergebracht. Nach einer gründlichen Renovierung beherbergt es heute ein trendiges und günstiges Stadthotel mit schönen, stilvoll eingerichteten Zimmern. In diesem Quartier pulsiert das Leben, hier findet man die spannendsten und coolsten Lokale; es kann hier aber auch mal etwas lauter sein.
Sihlhallenstrasse 1
Tel. 043 322 10 50
www.hotelrothaus.ch **O**

(C 5) **Hotel Schweizerhof**
Direkt beim Hauptbahnhof, nur wenige Schritte von der Bahnhofstrasse entfernt, liegt das elegante traditionsreiche Haus mit 115 Zimmern und Suiten. Die Zimmer sind trotz verkehrsreicher Lage dank der Fenster mit Dreifachverglasung ruhig. Exzellentes französisches Restaurant, auch Schweizer Spezialitäten.
Bahnhofplatz 7
Tel. 044 218 88 88
www.hotelschweizerhof.com
OOO

(c 3) **Hotel zum Storchen**
Klassiker an der Limmat mit eigenem Bootsanleger. Das über 600 Jahre alte Haus wurde kürzlich renoviert und gehört jetzt wieder zu den Topadressen. Der angenehm altmodische Charme blieb erhalten, die Atmosphäre im „Storchen“ ist von luxuriösem Understatement geprägt.
Am Weinplatz 2
Tel. 044 227 27 27
www.storchen.ch
OOO

(B 4) **Hotel x-tra**
Stadthotel im Trendviertel Zürich West. Markantes Bauhausgebäude aus den dreißiger Jahren, schnörkellos eingerichtete Zimmer mit allem Komfort. Mit schönem Gartenrestaurant, einer angesagten Bar-Lounge und dem bekannten Party-In-Club x-tra.
Limmatstrasse 118
Tel. 044 448 15 95
www.x-tra.ch **O**

(B 9) **Jugendherberge Zürich**
Die Jugendherberge ist schlicht, aber schön eingerichtet und befindet sich in ruhiger Lage etwa 10 Gehminuten vom See entfernt. Die Herberge bietet Einzel- bis Familienzimmer. Das Haus wurde nach den Plänen des Zürcher Architekten Ernst Gisel gebaut und gehört seit 1998 zum Inventar schützenswerter Bauten der Stadt Zürich. Mittag- und Abendessen (jeweils Menü plus Getränk) werden für je 16 Franken angeboten.
Mutschellenstrasse 114
Tel. 043 399 78 00
www.youthhostel.ch/zuerich **O**

(E 7/8) **Lady's First**
Neues Design Hotel in einem Haus aus dem 19. Jahrhundert, gemütlich, ruhig gelegen im attraktiven Seefeldquartier. Der Wellness- und Saunabereich in der obersten Etage des Hotels ist allein den Frauen vorbehalten. Das Hotel steht zu sozialen Verpflichtungen, indem es Integrationsarbeitsplätze unterhält.
Mainaustrasse 24
Tel. 044 380 80 10
www.ladysfirst.ch **OO**

(a 5) **Park Hotel Hyatt**
Das luxuriöse Hotel in einem Neubau in der Nähe der Altstadt, des Zürichsees und der Bahnhofstrasse hat zeitgemäß stilvoll eingerichtete Zimmer. Die schicke Onyx-Bar ist ein beliebter Treffpunkt nicht nur für Hotelgäste.
Beethovenstrasse 21
Tel. 043 883 12 34
www.zurich.park.hyatt.ch
OOOO

(f 3) **Romanik Hotel Florhof**
Stadthotel mit 35 Zimmern in einem ehemaligem Patrizierhaus aus dem 16. Jh. Nur wenige Gehminuten vom Kunsthaus, Stadttheater und der Altstadt entfernt. Die stilvolle Herberge hat ein gutes Restaurant und einen lauschigen Garten mit einem alten Feigenbaum.
Florhofgasse 4
Tel. 044 250 26 26
www.florhof.ch **OO**

(d 2/3) **Zic Zac Rock Hotel**
Originelles Hotel im Niederdorf. Die 53 Einzel- und Doppelzimmer sind je einem Musikstar oder einer Band gewidmet und auch entsprechend eingerichtet. Das Haus spricht ein eher jüngeres Publikum an, im Untergeschoss befindet sich die Zic Zac Rock Bar, wo die nächtliche Rock-Post abgeht. In zwei ordentlichen Restaurants werdenen indische und amerikanische Gerichte serviert.
Marktgasse 17
Tel. 044 261 21 81
www.kramergastronomie.ch **O**

www.merian.de

GÖNNEN SIE SICH MEHR LUST AM REISEN.

Highlights aus der Umgebung automatisch auf dem Display

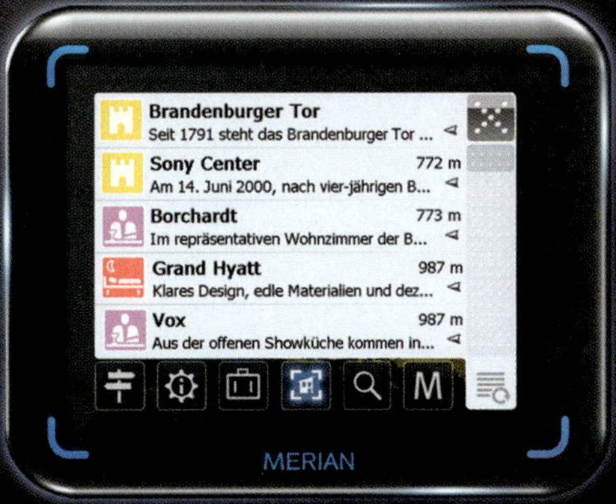

Über 30.000 **Empfehlungen** aus MERIAN und DER FEINSCHMECKER

Alles **Sehenswerte** auf Reisen vorgestellt in Bild und Text

Wunschobjekte per Klick mit Detailinfos in voller Größe

Inspiration und Unterhaltung durch spannende **Hörbeiträge**

Europaweite **Navigation** plus proaktive TMC-Stauumfahrung

Jetzt erhältlich im Elektrofachhandel bei aetka und expert, in den Lufthansa Worldshops, bei führenden Buchhandlungen sowie im Internet unter www.merian.de. Probieren Sie ihn aus. **MERIAN scout NAVIGATOR.**

YOU NEVER TRAVEL ALONE.

reddot design award
winner 2008

MERIAN | TIPP

Beiderseits der Limmat

Durch die Altstadt und per pedes auf den Spuren von Frauen, Geld und Geist

Geführte Touren zu unterschiedlichen Themen bietet **Zürich Tourismus** an. Die empfehlenswerten Rundgänge dauern etwa zwei Stunden und kosten 20 Fr (ermäßigt 10 Fr) pro Person. Weitere Informationen beim Tourist Service im Hauptbahnhof (Tel. 044 215 40 88) und im Internet: **www.zuerich.com**

Altstadtbummel
April-Okt., tgl. 15, Sa, So auch 11 Uhr; Nov.-März Mi, Sa, So 11 Uhr
Der klassische Stadtrundgang führt unter anderem durch die Bahnhofstrasse und durchs Niederdorf, vorbei am Grossmünster, am Fraumünster und am Paradeplatz.

Nachtbummel
Juli-Sept., Fr 20 Uhr
Während der Tour durch die Altstadt erfährt man, wo und wie sich das Zürcher Nachtleben entwickelt hat.

Zürich zum Schmunzeln
Juli-Sept., Do 17.30 Uhr
Ein Spaziergang mit amüsanten Geschichten, die sich Zürcher seit Jahrzehnten weiter erzählen.

Darüber hinaus finden in den Sommermonaten gelegentlich Führungen statt unter den Motti: **„Geld und Geist“**, **„Frauenbummel – auf den Spuren bemerkenswerter Frauen“** sowie **„Love Stories“**. Die genauen Termine teilt **Zürich Tourismus** mit.

Wer Zürich auf eigene Faust entdecken möchte, kann sich beim städtischen Tiefbauamt unter **www.stadt-zuerich.ch/internet/mobil_in_zuerich/home.html** kostenlos Pläne zu verschiedenen Spaziergängen herunterladen oder bestellen.

Freuen Sie sich auf das nächste Heft | Im Handel ab 26. Juni 2008

Peking polarisiert: Wie kein anderes Gebäude Pekings verkörpert das Olympiastadion das neue China, der Longtan-Park mit dem Glück bringenden Drachen die Tradition. Und alle sind stolz auf Chinas Leistungen

Peking Mit Energie in die Zukunft – die Megametropole Chinas

Chaos, Dynamik, Kraft: Peking ist „the new place to be". Jeden Tag muss man sich neu orientieren, weil es die Gasse, die man gestern noch entlangschlenderte, heute nicht mehr gibt, das Teehaus einer Baugrube gewichen, der Bauarbeiter Maler geworden ist. Zwischen tollkühnen Betonhochburgen und meisterlichem Kaiserpalast repräsentiert Peking ein selbstbewusstes China, das sich alles traut. Alles kann. Alles will.

> Phantastische Neubauten: Peking ist das Dorado der internationalen Architekten-Elite
> Kaiserpalast: eine überwältigende bauliche Demonstration politischer Macht
> Die Neuen Reichen: Junge Kunst aus China boomt. Ein Ende ist nicht zu abzusehen

Zuletzt erschienen:

Mai 2008

April 2008

März 2008

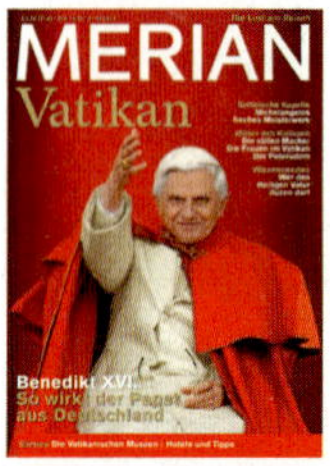

Februar 2008

Januar 2008

Dezember 2007